Curso Básico de Gestão da Qualidade

Dados Internacionais de Catalogação na Publicação (CIP)
(Câmara Brasileira do Livro, SP, Brasil)

Oliveira, Otávio J.
  Curso básico de gestão da qualidade / Otávio J. Oliveira. -- São Paulo : Cengage Learning, 2017.

  1. reimpr. da 1. ed. de 2014.
  Bibliografia.
  ISBN 978-85-221-1658-4

  1. Controle de qualidade 2. Gestão da qualidade total I. Título.

14-00769   CDD-658.4013

Índice para catálogo sistemático:

1. Gestão da qualidade : Administração de empresas   658.4013
2. Qualidade : Gestão : Administração de empresas   658.4013

Curso Básico de Gestão da Qualidade

Otávio J. Oliveira

Austrália Brasil Japão Coreia México Cingapura Espanha Reino Unido Estados Unidos

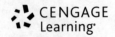

Curso Básico de Gestão da Qualidade

Otávio J. Oliveira

Gerente Editorial: Noelma Brocanelli

Editora de desenvolvimento: Gisela Carnicelli

Supervisora de produção gráfica: Fabiana Alencar Albuquerque

Copidesque: Iara A. Ramos

Revisão: Norma Gusukuma, Luicy Caetano de Oliveira e Alla Lettera

Diagramação: Triall Composição Editorial Ltda

Editora de direitos de aquisição e iconografia: Vivian Rosa

Analista de conteúdo e pesquisa: Javier Muniain

Pesquisa iconográfica: Renate Hartfiel

Capa: Megaart Design

Imagem da capa: Antishock/iStock

Imagem de abertura de capítulo: Dagadu/Dreamstime

© 2015 Cengage Learning Edições Ltda.

Todos os direitos reservados. Nenhuma parte deste livro poderá ser reproduzida, sejam quais forem os meios empregados, sem a permissão, por escrito, da Editora. Aos infratores aplicam-se as sanções previstas nos artigos 102, 104, 106, 107 da Lei nº 9.610, de 19 de fevereiro de 1998.

Esta editora empenhou-se em contatar os responsáveis pelos direitos autorais de todas as imagens e de outros materiais utilizados neste livro. Se porventura for constatada a omissão involuntária na identificação de algum deles, dispomo-nos a efetuar, futuramente, os possíveis acertos.

A Editora não se responsabiliza pelo funcionamento dos links contidos neste livro que possam estar suspensos.

> Para informações sobre nossos produtos, entre em contato pelo telefone **0800 11 19 39**
>
> Para permissão de uso de material desta obra, envie seu pedido para **direitosautorais@cengage.com**

© 2015 Cengage Learning. Todos os direitos reservados.

ISBN-13: 978-85-221-1658-4
ISBN-10: 85-221-1658-X

Cengage Learning
Condomínio E-Business Park
Rua Werner Siemens, 111 – Prédio 11 – Torre A – Conjunto 12
Lapa de Baixo – CEP 05069-900 – São Paulo SP
Tel.: (11) 3665-9900 – Fax: 3665-9901
SAC: 0800 11 19 39

Para suas soluções de curso e aprendizado, visite
www.cengage.com.br

Impresso no Brasil
Printed in Brazil
12345 18 17161514

Dedico este livro a meus alunos, orientandos, parceiros de pesquisa e ao Departamento de Produção da Unesp/Guaratinguetá pela carinhosa acolhida.

Sumário

Apresentação ix

1. Histórico e gurus da qualidade 1
    1.1   Introdução 1
    1.2   Primeiros relatos da qualidade 3
    1.3   Eras da qualidade 3
    1.4   Gurus da qualidade 7

2. Fundamentos da qualidade 17
    2.1   Dimensões da qualidade 17
    2.2   Determinantes da qualidade 18
    2.3   Abordagens da qualidade 19
    2.4   Ambientes da qualidade 22
    2.5   Custos da qualidade 24
    2.6   Princípios da gestão da qualidade 27
    2.7   Sistema de gestão da qualidade 36

3. Qualidade em serviços 45
    3.1   Tipologia dos serviços 46
    3.2   Características dos serviços 47
    3.3   Atividades de linha de frente e de retaguarda 49
    3.4   Ambiente de serviços × ambiente de manufatura 50
    3.5   Impressão psicológica sobre o serviço 50

4. Ferramentas da qualidade 57
    4.1   Ferramentas de suporte 57

4.2 Sete ferramentas básicas da qualidade 63
4.3 Ferramentas avançadas da qualidade 79

5. Sistema de gestão da qualidade ISO 9000 93
5.1 Normalização e avaliação de conformidade 94
5.2 *International Organization for Standardization* (ISO) 99
5.3 Motivações e passos para certificação 100
5.4 A família de normas ISO 9000 101
5.5 ISO 9001 – Sistema de Gestão da Qualidade: requisitos 102
5.6 Auditoria da qualidade 106

6. Programas relacionados à qualidade 111
6.1 Programa 5S 111
6.2 Seis sigma 118
6.3 Produção enxuta ou *lean manufacturing* 120
6.4 Troca rápida de ferramentas (TRF) 125
6.5 *Balanced scorecard* (BSC) 127
6.6 Prêmio Nacional da Qualidade (PNQ) 131

7. Qualidade e as principais funções da organização 137
7.1 Qualidade na produção 137
7.2 Qualidade e o marketing 138
7.3 Qualidade e o desenvolvimento de produto e projetos 140
7.4 Qualidade e os recursos humanos 143
7.5 Qualidade e os suprimentos e a terceirização 145
7.6 Qualidade de vida no trabalho 147

8. Integração de sistemas certificáveis de gestão 151
8.1 ISO 14001 – Sistema de gestão ambiental 151
8.2 OHSAS 18001 – Sistema de gestão da segurança e saúde no trabalho 155
8.3 Elementos essenciais para o sucesso na implantação de sistemas certificáveis de gestão 158
8.4 Diretrizes para integração de sistemas certificáveis de gestão ISO 9001, ISO 14001 e OHSAS 18001 159

Referências bibliográficas 175

Apresentação

Muitas são as opções de filosofias, instrumentos e ferramentas de gestão disponíveis ao gestores para melhorar o desempenho de suas empresas. Alguns deles ainda precisam de mais uso e aplicações para mostrar que podem realmente gerar resultados consistentes em médio e longo prazo.

Outros, como a Gestão da Qualidade, já são consagrados pelo uso e já comprovaram sua eficácia após milhares de aplicações em todo o mundo. A Gestão da Qualidade tem se mostrado como um importante instrumento para apoiar as empresas na padronização e melhoria de seus processos, na redução de desperdícios e custos, no aumento da satisfação dos clientes internos e externos e, consequentemente, no aumento de sua longevidade a partir do incremento de sua competitividade.

Neste livro são apresentados os principais elementos da Gestão da Qualidade de forma bastante didática, com o objetivo de dotar os leitores de conhecimento básico para sua introdução em empresas de todo tipo ou para eles mesmos se introduzirem academicamente neste tema.

Procurou-se tratar neste livro de todos os elementos essenciais à introdução e compreensão da Gestão da Qualidade, mas com a preocupação de não se gerar um material demasiadamente extenso, visando incentivar sua adoção por cursos de graduação como livro-texto e por profissionais das mais diversas áreas.

A estrutura foi pensada de forma a facilitar a compreensão evolutiva dos elementos que compõem a teoria da Gestão da Qualidade. Inicia-se o livro com a apresentação do histórico e dos gurus da qualidade (Capítulo 1). Na sequência no Capítulo 2 apresentam-se os principais fundamentos da qualidade.

A qualidade em serviços, setor que tem ganhado muita importância nas últimas décadas, é tratada no Capítulo 3. Já as ferramentas da qualidade, que são os meios pelos quais efetivamente a qualidade é operacionalizada nas organizações, são abordadas no Capítulo 4.

No Capítulo 5, é apresentado o mais importante e utilizado sistema de gestão normatizado do mundo, a ISO 9000, seguido do Capítulo 6 com os principais programas relacionados à qualidade, tais como 5S, seis sigmas, produção enxuta, troca rápida de ferramentas, *balanced scorecard* e prêmio nacional da qualidade.

O Capítulo 7 aborda a relação da qualidade com as principais funções organizacionais, fechando-se com o Capítulo 8, que discute a integração dos principais sistemas certificáveis de gestão existentes (ISO 9000, ISO 14000 e OHSAS 18000).

capítulo 1

Histórico e gurus da qualidade

1.1 Introdução

A qualidade de produtos, serviços e processos nos dias atuais deixou de ser um diferencial competitivo e transformou-se num critério qualificador, passando a ser uma ferramenta importante e praticamente obrigatória à sobrevivência organizacional, a qual as empresas necessariamente têm de desenvolver para manterem-se perenes.

Vários "ingredientes" levaram a esse cenário: aumento da competitividade empresarial em todo o mundo, globalização de mercados, conscientização dos consumidores em relação a seus direitos e seu poder de barganha, alta informatização das empresas, entre outros mais.

Contudo, é comum confundir a qualidade do produto ou serviço com a gestão da qualidade. É claro que elas têm estreita relação entre si, porém são diferentes.

A qualidade do produto refere-se às suas características físicas e funcionais, ou seja, se ele tem as propriedades que foram designadas no projeto e se atendem efetivamente aos desejos dos clientes. A qualidade do serviço está relacionada com as características da prestação do serviço (tempo, cordialidade, atendimento das expectativas do cliente etc.).

Já a gestão da qualidade, que tem a qualidade do produto e do serviço como consequência, é uma aplicação sistemática de métodos e ferramentas já consagrados pelo uso, cujos principais objetivos são:

- identificar os requisitos dos clientes (necessidades);
- projetar produtos, serviços e processos que atendam a estes requisitos;
- produzir fielmente produtos e serviços com as características determinadas no projeto;
- entregar o produto ou serviço em condições satisfatórias (garantir a integridade física, o escopo previsto, o prazo e as quantidades acordadas);
- avaliar a satisfação do consumidor com o produto/serviço adquirido e com o pacote de suporte que o envolve.

Com essa breve explicação já se pode perceber que gerir a qualidade é algo mais complexo e difícil do que simplesmente ter um produto ou serviço de qualidade, porém os resultados da gestão da qualidade são muito mais consistentes e duradouros.

É possível produzir produtos de qualidade, por exemplo, sem ter grandes e estruturais preocupações com a gestão da qualidade, a partir do que se denomina inspeção de final do processo, ou seja, é quando uma empresa (e não são poucas que assim o fazem) produz um produto ou serviço e efetivamente só se preocupa com sua qualidade no final de todo o processo, em geral, imediatamente antes de ser entregue ao cliente. Com o produto/serviço já pronto é que se verifica se suas características atendem ao que estava previsto.

Esse é um modo de agir muito prejudicial às organizações, pois, como não há a filosofia da prevenção, muitos produtos têm de ser produzidos para que poucos, que tenham as características desejadas, sejam selecionados. O desperdício nesse tipo de operação é muito grande; existem muitos retrabalhos e refugos e isso aumenta consideravelmente os custos de produção de toda a empresa, podendo, até mesmo, comprometer a sua competitividade a médio e longo prazos.

Em relação aos serviços, essa maneira de proceder deixa a empresa ou o prestador de serviço muito vulnerável, de forma que um erro passa a ter grande chance de acontecer no momento de sua prestação ao cliente.

Portanto, a melhor forma de conseguir produtos e serviços de acordo com as especificações estabelecidas e que atendam as necessidades dos clientes é a partir do desenvolvimento de um Sistema de Gestão da Qualidade (SGQ), pois, dessa forma, se garante que as pessoas que executam os processos estarão treinadas, as instruções de trabalho estarão estabelecidas, o processo produtivo será controlado e o cliente ouvido em relação à sua expectativa e satisfação. Esse conjunto de fatores levará à produção de produtos e serviços de qualidade a um custo muito mais baixo, pois se reduzem grandemente os erros.

1.2 Primeiros relatos da qualidade

A preocupação com a qualidade é antiga, pelo menos do ponto de vista do produto. Por exemplo, por volta de 2150 a.C., o código de Hamurabi[1] já demonstrava uma preocupação com a durabilidade e funcionalidade das habitações produzidas na época, de tal forma que, se um construtor negociasse um imóvel que não fosse sólido o suficiente para atender a sua finalidade e desabasse, o construtor seria imolado, ou seja, sacrificado.

Os fenícios amputavam a mão do fabricante de determinados produtos que não fossem produzidos de acordo com as especificações governamentais. Já os romanos desenvolveram técnicas de pesquisa altamente sofisticadas para a época e as aplicavam principalmente na divisão e mapeamento territorial para controlar as terras rurais incorporadas ao império. Desenvolveram padrões de qualidade, métodos de medição e ferramentas específicas para execução desses serviços.

Podem-se citar também, para a época, os avançados procedimentos adotados pela França durante o reinado de Luís XIV, que detalhavam critérios para escolha de fornecedores e instruções para supervisão do processo de fabricação de embarcações (OLIVEIRA, 2004).

1.3 Eras da qualidade

A qualidade, assim como outros elementos relacionados à gestão empresarial, viveram evoluções influenciadas por processos político-históricos e pelo desenvolvimento tecnológico. Destacam-se as seguintes eras:

---

[1] O objetivo desse código era homogeneizar o reino juridicamente e garantir uma cultura comum. Em seu epílogo, Hamurabi afirma que elaborou um conjunto de leis para que o mais forte não prejudique o mais fraco, de forma a proteger as viúvas e os órfãos e para resolver as disputas e sanar os ferimentos.

Era da inspeção

Este foi um período que se iniciou antes da Revolução Industrial, quando a atividade produtiva ainda estava nas mãos dos artesãos, mas foi paulatinamente sendo modificada em razão, principalmente, das descobertas tecnológicas que mudaram o cenário produtivo na época. As principais características foram:

- inicialmente os artesãos eram responsáveis pelo projeto, produção e consequentemente pela qualidade do produto;
- havia intenso contato entre o produtor e o consumidor;
- foco na separação dos produtos bons dos defeituosos no final do processo produtivo;
- intensa prática da inspeção no final;
- existência de um caráter corretivo (não preventivo);
- não havia profissional ou setor específicos da qualidade (ausência de estrutura organizacional formal para as questões da qualidade);
- ao final desta era, em virtude da evolução tecnológica e do aprofundamento conceitual sobre estatística, começaram a surgir os departamentos de inspeção nas empresas.

Portanto, esta era foi fortemente caracterizada pela fabricação de produtos com base em encomenda e a inspeção da qualidade dava-se no final do processo. Teve ênfase na detecção de problemas e não na prevenção.

Era do controle estatístico

Com a Revolução Industrial verificou-se um considerável aumento da atividade industrial principalmente em razão da invenção de máquinas e equipamentos que deram suporte à criação do conceito de linha de produção. Com o aprofundamento da teoria estatística apoiando o controle de processos, somado ao nascimento dos elementos da administração científica, foi possível o início da era do controle estatístico.

As principais características desta era foram:

- evolução da aplicabilidade da estatística nas empresas, principalmente com as contribuições de W. A. Shewhart e J. Juran (técnicas de amostragem, carta de controle etc.). Esses dois estudiosos são considerados importantes gurus da qualidade e serão vistos na seção seguinte deste livro;
- término da inspeção 100%, ou seja, as inspeções passaram a ser feitas por amostragem, o que permitiu um considerável barateamento desse processo;

- criação da função de inspetor da qualidade com dedicação exclusiva e integral;
- a qualidade passa a ser vista como uma responsabilidade independente e gerencial; portanto, não somente técnica;
- o foco continua na separação dos produtos bons dos defeituosos;
- as atividades ainda estão centradas na inspeção e na correção, porém já se verifica o surgimento da preocupação com a identificação das causas dos problemas e suas soluções;
- preocupação com fontes de variabilidade (matéria-prima, operador e equipamento);
- no entanto, verificou-se neste período o distanciamento da alta administração da função da qualidade, delegando-a aos gerentes.

Portanto, a partir da Revolução Industrial, em razão do aumento da escala de produção, a inspeção um a um (100% dos produtos) tornou-se inviável. Por esse motivo, passou-se a utilizar técnicas estatísticas de amostragem para verificar a qualidade dos produtos, porém ainda acontecendo no final do processo e com o forte caráter de detecção. O objetivo era controlar a qualidade por meio de métodos estatísticos, havendo, assim, ênfase na redução da variabilidade.

Era da garantia da qualidade

Esta era foi impulsionada pelo grande desenvolvimento tecnológico e industrial vivido no período pós-Segunda Guerra. Nesta época verificaram-se o desenvolvimento de novos materiais, novas formas de geração de energia (como a energia nuclear) e a oportunidade de aplicação na prática de teorias relacionadas à qualidade que ainda não tinham saído da cabeça de alguns gurus.

As principais características deste período foram:

- intenso aumento da pressão dos concorrentes;
- desenvolvimento de elementos que embasaram esta era: teoria de custos da qualidade, controle da qualidade, técnicas de confiabilidade e programa zero defeitos;
- havia um efetivo envolvimento da média gerência, mas ainda não completamente da alta cúpula;
- já começava a haver uma preocupação com a qualidade ao longo da cadeia de suprimentos;
- a ênfase migrou para a prevenção de erros e defeitos, saindo apenas da correção; em razão disso algumas expressões passaram a ser utilizadas pelas empresas: conscientização, motivação, capacitação e treinamento, visão holística ou sistêmica e outras.

Era da gestão da qualidade total

Com o incremento das exportações dos produtos japoneses, a consolidação das empresas norte-americanas e o amadurecimento do conhecimento sobre gestão da qualidade permitido pela evolução das três eras anteriores, o que começou a acontecer a partir da década de 1970, criaram-se as bases para o surgimento da qualidade total. Suas principais características são:

- participação de todos, pessoas e setores, na empresa, transcendendo a atividade e o setor de produção;
- sua aplicação dá-se em todos os aspectos do negócio (todos os processos e funções);
- entendimento de que a satisfação do cliente é essencial e prioritária. Neste momento surgem os conceitos de cliente interno e externo. O cliente interno é o funcionário que receberá e trabalhará com os resultados do processo anterior, e o externo é o consumidor propriamente dito;
- identificação minuciosa das necessidades dos clientes e sua transformação em especificações claras e bem definidas de projeto e produção;
- intenso envolvimento da alta direção nas questões da qualidade;
- integração da gestão da qualidade à gestão estratégica da empresa;
- a gestão da qualidade total extrapolou a organização e passou a considerar seus concorrentes, em que a qualidade passa a ser percebida pelo cliente a partir da comparação com produtos concorrentes.

A gestão estratégica da qualidade ampliou ainda mais a visão da qualidade total e passou a considerar de forma séria o cenário externo, ou seja, a qualidade passa a ser uma arma organizacional para a competição mercadológica e os concorrentes passaram a ser estudados e sistematicamente considerados.

A diferenciação dessas eras é mais explícita em nações cuja industrialização se deu mais precocemente, como os países europeus e os Estados Unidos. Nos países em desenvolvimento, como o Brasil, verifica-se a existência de várias delas simultaneamente.

Miguel (2005) fez um interessante esquema gráfico representando a evolução dessas fases ou eras (Figura 1.1).

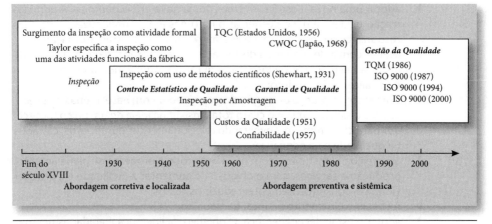

Figura 1.1 • Evolução das eras da qualidade.
Fonte: MIGUEL, 2005.

1.4 Gurus da qualidade

Nesta seção serão apresentados os grandes pensadores da qualidade e suas principais contribuições.

Quase a totalidade das teorias, sistemas e ferramentas da qualidade utilizados nas organizações deriva do que esses gurus viveram e idealizaram. Suas contribuições foram muito grandes não só para as empresas, mas para a sociedade como um todo, pois a partir de suas ideias alguns países conseguiram aumentar muito a competitividade de seu parque industrial e a qualidade de vida de sua população.

William Edwards Deming (1900-1993)

Nascido em Washington, Estados Unidos, foi um estatístico que seguiu a carreira acadêmica e de consultor. Contribuiu significativamente com a teoria sobre melhoria de processos nos Estados Unidos durante a Segunda Guerra, mas destacou-se ainda mais no Japão, a partir de 1950, quando introduziu conceitos para melhoria de projetos, produtos e, consequentemente, vendas. É considerado o estrangeiro que gerou mais impacto sobre a indústria e a economia japonesa no século XX.

Deming teve papel fundamental no desenvolvimento da teoria da gestão da qualidade. Sua principal contribuição foi o estabelecimento dos 14 pontos para melhoria (DEMING, 1982):

- criar constância de propósito de aperfeiçoamento do produto e serviço, a fim de torná-los competitivos, perpetuá-los no mercado e gerar empregos;

- adotar uma nova filosofia. Vivemos numa nova era econômica. A administração ocidental deve despertar para o desafio, conscientizar-se de suas responsabilidades e assumir a liderança em direção à transformação;
- acabar com a dependência de inspeção para a obtenção da qualidade. Eliminar a necessidade de inspeção em massa, priorizando a internalização da qualidade do produto;
- acabar com a prática de negócio compensador com base apenas no preço. Em vez disso, minimizar o custo total. Insistir na ideia de um único fornecedor para cada item, desenvolvendo relacionamentos duradouros, calcados na qualidade e na confiança;
- aperfeiçoar constante e continuamente todo o processo de planejamento, produção e serviços, com o objetivo de aumentar a qualidade e a produtividade e, consequentemente, reduzir os custos;
- fornecer treinamento no local de trabalho;
- adotar e estabelecer liderança. O objetivo da liderança é ajudar as pessoas a realizar um trabalho melhor. Assim como a liderança dos trabalhadores, a liderança empresarial necessita de uma completa reformulação;
- eliminar o medo;
- quebrar as barreiras entre departamentos. Os funcionários dos setores de pesquisa, projetos, vendas, compras ou produção devem trabalhar em equipe, tornando-se capazes de antecipar problemas que possam surgir durante a produção ou durante a utilização dos produtos ou serviços;
- eliminar *slogans*, exortações e metas dirigidas aos empregados;
- eliminar padrões artificiais e cotas numéricas para o chão de fábrica, a administração por objetivos e a administração por meio de números e metas numéricas;
- remover barreiras que despojem as pessoas de orgulho no trabalho. A atenção dos supervisores deve-se voltar para a qualidade e não para números. Eliminar as barreiras que usurpam dos funcionários das áreas administrativas e de planejamento/engenharia o justo direito de orgulhar-se do produto de seu trabalho. Isso significa a abolição das avaliações de desempenho ou de mérito e da administração por objetivos ou por números;
- estabelecer um programa rigoroso de educação e autoaperfeiçoamento para todo o pessoal;
- colocar todos da empresa para trabalhar de modo a realizar a transformação. A transformação é tarefa de todos.

Joseph M. Juran (1904-2008)

Engenheiro eletricista, professor e consultor, nascido em 24 de dezembro de 1904 na cidade de Braila, Romênia, Juran mudou-se para Minnesota, Estados Unidos, em 1912. Iniciou sua carreira como gestor de qualidade na Western Electrical Company, onde atuou no Departamento de Inspeção Estatística. Junto com Deming, com quem trabalhara durante a Segunda Guerra, contribuiu para o enorme desenvolvimento das indústrias japonesas no pós-guerra. Em

1988 publicou seu mais importante livro: *Quality control handboock*, no qual apresenta suas ideias sobre gestão da qualidade.

Juran define qualidade como adequação ao uso. A palavra "produto" (bem ou serviço) refere-se ao *output* de um processo e é necessário encontrar o equilíbrio entre as características positivas do produto e a não existência de deficiências no produto. Essas características positivas não se referem a componentes luxuosos, mas sim a características técnicas de um produto que foi desenhado para corresponder às necessidades dos clientes. As deficiências causam problemas aos clientes e, portanto, provocam a sua insatisfação (JURAN; GODFRAY, 2000).

Para Juran, a gestão da qualidade tem três pontos fundamentais, que formam sua famosa trilogia (JURAN; GODFRAY, 2000):

- planejamento da qualidade: identificar os clientes, determinar as suas necessidades, criar características de produto que satisfaçam essas necessidades, criar os processos capazes de satisfazer essas necessidades e transferir a liderança desses processos para o nível operacional;
- controle da qualidade: avaliar o nível de desempenho atual, comparar com os objetivos estabelecidos, tomar medidas para reduzir a diferença entre o desempenho atual e o previsto;
- melhoria da qualidade: reconhecer as necessidades de melhoria, transformar as oportunidades de melhoria em uma tarefa de todos, criar um conselho para qualidade que selecione projetos de melhoria, promover a formação em qualidade, avaliar a progressão dos projetos, premiar as equipes vencedoras, divulgar os resultados, rever os sistemas de recompensa para aumentar o nível de melhorias e incluir os objetivos de melhoria nos planos de negócio da empresa.

Philip B. Crosby (1926-2001)

Crosby, empresário e escritor, nasceu em Wheeling, West Virginia, Estados Unidos, em 18 de junho de 1926.

A abordagem de Crosby baseia-se na prevenção. A ideia de que os erros são inevitáveis, para ele, era falsa. Compete aos gestores, por meio de suas atitudes e práticas, desenvolver o compromisso com a prevenção e nomear como objetivo principal da empresa a meta "zero defeito" (CROSBY, 1980).

Para Crosby, qualidade está associada aos seguintes conceitos: "zero defeito", "fazer certo desde a primeira vez", "os quatro absolutos da qualidade", "o processo de prevenção" e os "seis C".

A expressão "zero defeito" vai muito além da perfeição do produto, significa que todos os funcionários da organização estão comprometidos em produzir com perfeição desde o primeiro processo, ou seja, é uma meta a ser incessantemente perseguida (CROSBY, 1980), pois produtos perfeitos podem ser conseguidos.

Os quatro absolutos são (CROSBY, 1980):

- a prevenção deve ser uma conduta generalizada, ou seja, estar em todos os níveis da organização;
- utilizar a metodologia dos custos da qualidade como ferramenta de gestão;
- o padrão "zero defeito" deve ser a filosofia de trabalho;
- a conformidade com as especificações deve ser a linguagem padronizada em relação ao nível de qualidade que se pretende obter.

Os seis C são (CROSBY, 1980):

- compreensão do que significa qualidade;
- compromisso da alta administração, que é quem deve definir a política de qualidade;
- competência, que é o resultado de um plano de formação e implantação sistemática da qualidade;
- comunicação para que todos na organização adquiram a cultura da qualidade;
- correção com base na prevenção e desempenho;
- continuidade, que enfatiza o processo de melhoria da qualidade como uma "forma de estar" da organização.

Para Crosby, qualidade significa conformidade com os requisitos. A qualidade deve ser definida em termos quantitativos para ajudar a organização a agir com base em metas tangíveis. Deve ser medida regularmente por meio dos custos da qualidade.

Armand V. Feigenbaum (1922)

Feigenbaum nasceu em 1922, em Berkshire, Massachusetts, Estados Unidos. Trabalhou na área de qualidade da General Electric em Nova York, onde foi diretor de operações de fabricação e controle de qualidade (1958-1968). Também foi presidente da American Society for Quality (1961-1963).

Para Feigenbaum, a qualidade é uma filosofia de gestão e um compromisso com a excelência, que deve ter as seguintes características:

- deve ser o único objetivo da organização ("entenda-se o principal");
- é determinada pelos clientes;
- pressupõe trabalho em grupo (círculos da qualidade);
- exige o compromisso da alta administração;
- exige o *empowerment* (aumento da capacidade de decisão dos trabalhadores e redução dos níveis hierárquicos).

Defende que a qualidade deve ser projetada e introjetada nos produtos, não podendo ser obtida somente a partir da inspeção. Para amparar essa exigência defende que a empresa desenvolva um SGQ.

Define um sistema de qualidade total como a combinação de toda a estrutura da organização, a partir de documentação formal e controlada, em prol da produção, tendo em vista assegurar a satisfação dos clientes e o controle de custos (FEIGENBAUM, 1991).

O sistema de gestão da qualidade deve ser estruturado e planejado e não desenvolvido de forma casual. Os seus princípios devem incluir (FEIGENBAUM, 1991):

- orientação ao cliente;
- integração de atividades por toda a organização;
- atribuições claras, tendo em vista a obtenção da qualidade;
- atividades específicas para controle de fornecedores;
- identificação dos equipamentos de qualidade;
- conscientização de toda a organização;
- ações corretivas eficazes;
- controle contínuo do sistema;
- auditoria periódica.

Feigenbaum ainda propôs alguns outros procedimentos, que devem ser devidamente documentados, para que se alcance a qualidade total:

- avaliação da qualidade antes do início da produção;
- planejamento da qualidade e do processo;
- planejamento, avaliação e controle da qualidade dos materiais adquiridos;
- avaliação e controle da qualidade do produto e do processo;
- realimentação da informação da qualidade;
- equipamento para a informação da qualidade;
- formação e orientação para a qualidade e desenvolvimento do pessoal;
- qualidade na assistência técnica;
- gestão da função controle da qualidade;
- estudos especiais sobre a qualidade.

Kaoru Ishikawa (1915-1989)

Em conjunto com a JUSE (Union of Japanese Scientists and Engineers – www.juse.or.jp/e/index.html), em 1962, Ishikawa introduziu o conceito de círculo de controle da qualidade (CCQ) e, em 1982, o diagrama de causa e efeito (espinha-de-peixe), que teve o grande mérito de ser uma ferramenta muito simples e facilmente utilizável por não especialistas.

O CCQ é um pequeno grupo voluntário de funcionários pertencentes ou não à mesma área de trabalho, treinados da mesma maneira, com compreensão da mesma filosofia e os mesmos objetivos, e que tentam melhorar o desempenho, acabar com desperdício, aumentar a padronização, reduzir custos, aumentar a eficiência, melhorar o atendimento à satisfação do cliente etc.

Já o diagrama de Ishikawa tem como principal função descobrir as causas de determinado problema a partir de cinco eixos principais: matéria-prima, método, meio ambiente, maquinário e mão de obra. Em alguns casos pode ser acrescido mais um eixo: medição. Estes elementos serão mais bem discutidos mais adiante neste livro.

Ishikawa defendia os seguintes princípios da qualidade:

- a qualidade começa com a educação e capacitação;
- o principal passo da gestão da qualidade é conhecer as necessidades e expectativas do cliente;
- o controle da qualidade está em sua forma ideal quando a inspeção não é mais necessária;
- trabalhe para a remoção da causa dos problemas e não dos sintomas;
- controle de qualidade é responsabilidade de todos os funcionários e de todos os setores;
- não confunda os meios com os objetivos;
- coloque a qualidade em primeiro lugar e estabeleça suas ações para longo prazo;
- o marketing é a entrada e a saída da qualidade;
- a alta gerência não deve apresentar reações negativas quando os fatos forem apresentados pelos subordinados;
- a maioria absoluta dos problemas das empresas pode ser resolvida com as sete ferramentas de controle de qualidade (diagrama de Pareto, diagrama de causa e efeito, histograma, folhas de verificação, gráficos de dispersão, fluxograma e cartas de controle – que serão vistas mais adiante neste livro);
- dados sem a informação da sua dispersão são dados frágeis – por exemplo, estabelecer a média sem fornecer o desvio-padrão.

Genichi Taguchi (1924)

Genichi Taguchi nasceu no Japão em 1º de janeiro de 1924 e trabalhou no Laboratório de Comunicação Elétrica da Nippon Telephone and Telegraph Co. (1948-1961), onde se concentrou na melhoria da produtividade e em pesquisa e desenvolvimento. Também foi professor e consultor.

Sua filosofia está pautada na compreensão do que realmente interessa ao cliente (suas reais necessidades) e na aplicação da estatística e engenharia para redução dos custos e melhoria da qualidade dos projetos dos produtos e dos processos de fabricação.

Ele pregava que as organizações deviam oferecer produtos melhores que seus concorrentes em termos de design e preço. Que esses produtos fossem realmente atraentes, que tivessem mínima variação entre si e que fossem resistentes à deterioração e fatores extremos.

Em termos gerais, pode-se sintetizar o pensamento de Taguchi em quatro elementos principais (TAGUCHI; CHOWDHURY; WU, 2004):

- a qualidade deve ser incorporada no produto desde o início e não por meio das inspeções;

- atinge-se melhor a qualidade minimizando os desvios em relação às metas;
- a qualidade não deve ser baseada no desempenho ou características do produto;
- os custos da qualidade devem ser medidos em função dos desvios do desempenho do produto.

Shigeo Shingo (1909-1990)

Shingo destacou-se no desenvolvimento do Toyota Production System (TPS) em conjunto com Taiichi Ohno. Ele concebeu e desenvolveu o *single minute exchange of die* (SMED), ou sistema de troca rápida de ferramentas, e foi um dos pioneiros no conceito de *poka yoke* (dispositivos que procuram evitar a ocorrência de defeitos em processos de fabricação e/ou na utilização de produtos) e *zero quality control*, ou controle da qualidade zero defeito.

O TPS, que deu origem ao *lean manufacturing* (produção enxuta), tem por objetivo a eliminação de desperdícios a partir de 14 princípios (LIKER, 2005):

- Princípio 1: basear as decisões administrativas em uma filosofia de longo prazo, mesmo em detrimento de metas financeiras de curto prazo.
- Princípio 2: criar um fluxo de processo contínuo para trazer os problemas à tona.
- Princípio 3: usar sistemas puxados para evitar a superprodução.
- Princípio 4: nivelar a carga de trabalho.
- Princípio 5: construir uma cultura de parar e resolver problemas, obtendo qualidade logo na primeira tentativa.
- Princípio 6: tarefas padronizadas são a base para a melhoria contínua e a capacitação dos funcionários.
- Princípio 7: usar controle visual para que nenhum problema fique oculto.
- Princípio 8: usar somente tecnologia confiável e completamente testada que atenda aos funcionários e processos.
- Princípio 9: desenvolver líderes que compreendam completamente o trabalho, que vivam a filosofia e a ensinem aos outros.
- Princípio 10: desenvolver pessoas e equipes excepcionais que sigam a filosofia da empresa.
- Princípio 11: respeitar sua rede de parceiros.
- Princípio 12: ver por si mesmo para compreender completamente a situação.
- Princípio 13: tomar decisões lentamente por consenso, considerando completamente todas as opções; implementá-las com rapidez.
- Princípio 14: tornar-se uma organização de aprendizagem por meio da reflexão incansável e da melhoria contínua.

Já o SMED é uma metodologia que enfatiza a separação e a transferência de elementos do *setup* interno para o *setup* externo.[2] Esses dois sistemas também serão mais bem tratados mais adiante neste livro.

Walter A. Shewhart (1891-1967)

Nascido em 18 de março de 1891 em New Canton, Illinois, Estados Unidos, foi o primeiro membro honorário da American Society for Quality (ASQ) <http://asq.org/index.aspx>. Graduou-se e doutorou-se em física. Um dos seus grandes méritos foi reunir com sucesso as disciplinas de estatística, engenharia e economia, tornando-se conhecido como o pai do controle de qualidade moderno. Sua grande obra, *Economic control of quality of manufactured product* (Controle econômico da qualidade do produto manufaturado), publicada em 1931, é considerada uma exposição bastante completa dos princípios básicos de controle de qualidade.

Shewhart escreveu também o livro *Statistical method from the viewpoint of quality control* (Método estatístico para controle de qualidade) em 1939 e ganhou reconhecimento na comunidade estatística. Além disso, ele publicou numerosos artigos em revistas profissionais, e muitos de seus escritos foram realizados internamente nos Bell Laboratories. Um deles era o memorando histórico de 16 de maio de 1924, no qual ele propôs o gráfico de controle para seus superiores.

Suas principais contribuições à teoria da qualidade estão relacionadas ao controle estatístico do processo e às cartas de controle, que também serão detalhadas mais adiante neste livro.

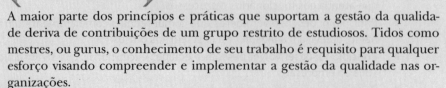

A maior parte dos princípios e práticas que suportam a gestão da qualidade deriva de contribuições de um grupo restrito de estudiosos. Tidos como mestres, ou gurus, o conhecimento de seu trabalho é requisito para qualquer esforço visando compreender e implementar a gestão da qualidade nas organizações.

Deming talvez tenha sido o mais celebrado guru da qualidade. Comparado com os demais mestres, cujas orientações são de caráter marcadamente prático, pode ser considerado um filósofo, um pregador em busca de discípu-

---

[2] O *setup interno* é o ajuste ou a regulagem de um equipamento ou máquina com sua paralisação; já o *setup externo* é seu ajuste ou regulagem sem a necessidade de sua paralisação.

los. Diz-se que muitos dos que adotam suas ideias o fazem com devoção quase religiosa. Para eles, o método de Deming não somente aprimora a qualidade de bens e serviços, mas é capaz de fazer suas vidas melhores. Além de filosóficas, as prescrições de Deming têm caráter revolucionário, pois subentendem profundas transformações no relacionamento entre a empresa e seus clientes, fornecedores e empregados. Deming alertava sobre as dificuldades e o longo tempo necessário à implementação de suas recomendações. Seu método possui 14 pontos, descritos no livro *Out of the crisis*.

Quality is free, de Crosby, vendeu mais de 2 milhões de cópias. Formado nas empresas, ao contrário dos demais mestres, considerava-se um pensador de negócios pragmático e não um guru da qualidade. Crosby criou a concepção zero defeito e popularizou o conceito de fazer certo da primeira vez. Teria chegado a eles em virtude da insatisfação com o que Deming e Juran ensinavam. Para Crosby, a teoria de Deming fundamenta-se na estatística, que poucos são capazes de compreender e que pouco contribui para o gerenciamento cotidiano da qualidade nas empresas. Deming, replicando, negava que o controle estatístico da qualidade fosse o fator preponderante para o sucesso de uma organização. Além disso, nunca escondeu sua desconsideração pelos programas de qualidade ministrados por Crosby. Ele é o único entre os mestres que considerava a qualidade um conceito de razoável simplicidade.

Juran contribuiu decisivamente no movimento japonês em prol da qualidade. De acordo com ele, a administração da qualidade compreende três processos básicos: planejamento, controle e melhoria – a trilogia de Juran. Para Juran, as abordagens conceituais necessárias ao gerenciamento dos três processos são similares àquelas empregadas na administração financeira. Assim, enquanto Deming afirmava que a administração da qualidade requer transformação, Juran sugeria que ela pouco difere de práticas já longamente adotadas pela função financeira das empresas. Discorda de Crosby ao não acreditar que a implantação da qualidade seja simples, mas também não crê que seja tão complexa quanto Deming propõe. Juran não atribui aos métodos estatísticos a mesma importância conferida por Deming, considerando-os ferramentas úteis, mas não fundamentais. Define qualidade como adequação ao uso – produto adequado ao uso é o que atende às necessidades de seu consumidor.

Feigenbaum deu origem ao conceito de controle da qualidade total, tratando-o como questão estratégica que demanda profundo envolvimento de todos da organização. A qualidade seria um modo de vida para as empresas, uma filosofia de compromisso com a excelência. Nesse sentido, Feigenbaum aproxima-se de Deming. Mas, pragmático, empregando a noção de custo da qualidade procurou mostrar aos administradores que os investimentos feitos em qualidade geravam retornos maiores do que os realizados em outras áreas. Deming, por sua vez, dizia que o custo da não qualidade não pode ser conhecido. *Total quality control* é sua principal publicação.

Ishikawa criou os famosos círculos de controle da qualidade. Além dos CCQ, as sete ferramentas de Ishikawa constituem importante instrumental de auxílio nos processos de controle da qualidade. Ao contrário de outras metodologias, que colocam a qualidade nas mãos de especialistas, Ishikawa acreditava que as sete técnicas podiam ser utilizadas por qualquer trabalhador. Ishikawa redefiniu o conceito de cliente para incluir qualquer funcionário que recebe como insumo os resultados do trabalho executado anteriormente por um colega. Seu pensamento está exposto em *What is total quality control?*.

Fonte: Adaptado de Wood Jr.; Urdan, 1994.

Atividades

❶ Analise as principais diferenças culturais entre o Oriente, principalmente o Japão, e o Ocidente, principalmente Brasil e Estados Unidos, as quais podem impactar o desenvolvimento dos princípios da qualidade apontados pelos principais gurus da qualidade.

❷ Com base nas características das eras da evolução da qualidade apresentadas, analise e situe o grau de desenvolvimento brasileiro.

❸ Disserte sobre como os princípios da qualidade apresentados pelos gurus podem afetar os custos das empresas positiva e negativamente.

capítulo 2

Fundamentos da qualidade

Para que se consiga potencializar os resultados de sua aplicação em empresas é necessário compreender com profundidade os principais conceitos e características da qualidade. Neste capítulo serão apresentados os elementos básicos que vão permitir ao leitor uma compreensão geral do que se trata, dos elementos que a compõem e de algumas características que vão permitir seu desenvolvimento com sucesso.

2.1 Dimensões da qualidade

A qualidade pode ser verificada/medida em um produto ou serviço levando-se em conta vários elementos: desempenho, características, confiabilidade, durabilidade, utilidade, resposta, estética e reputação (CHASE et al., 2006). O Quadro 2.1 exemplifica alguns desses elementos em produtos e serviços para melhor compreensão.

Quadro 2.1 Elementos da qualidade

Dimensão	Exemplo de produto: aparelho de DVD	Exemplo de serviço: conta corrente em banco
Desempenho	Resolução e velocidade de leitura	Tempo para processar pedidos dos clientes
Características	Acesso à internet	Pagamento automático de contas
Confiabilidade	Tempo previsto até falhar	Variabilidade do tempo para processar pedidos
Durabilidade	Vida útil (com consertos)	Mantém-se atualizada com a necessidade do mercado
Utilidade	*Design* integrável a determinada marca de televisão ou *home theater*	Relatórios *on-line*/entrega e retirada de documentos em casa
Resposta	Cortesia do revendedor	Cortesia do atendente
Estética	Acabamento futurista	Aparência da agência
Reputação	Líder de mercado por dez anos	Endossado pelos líderes da comunidade

Fonte: Adaptado de CHASE et al., 2006.

2.2 Determinantes da qualidade

Para o desenvolvimento da excelência em gestão, ou seja, da qualidade, são necessários vários elementos/atividades devidamente coordenados, interdependentes e transversais à maioria dos processos empresariais. Destacando-se (GAITHER; FRAZIER, 2001):

- projeto;
- conformidade (atendimento às especificações);
- capabilidade[1] dos processos de produção (controle estatístico);
- atendimento ao cliente;
- cultura da qualidade da empresa.

---

[1] A capabilidade está relacionada com o controle do processo, ou seja, diz-se que um processo é capaz quando suas variáveis estão dentro dos limites preestabelecidos. Esse assunto será tratado no capítulo sobre ferramentas da qualidade.

O projeto de um produto ou serviço deve ser elaborado com base nas reais necessidades e expectativas dos clientes. É o responsável por transmitir aos funcionários os parâmetros nos quais os processos devem ser executados. Isso permitirá o perfeito atendimento às especificações (conformidade).

O controle estatístico do processo permite verificar a capabilidade dos processos, ou seja, se as especificações estabelecidas em projeto estão efetivamente sendo cumpridas. Esse controle é essencial para que se garanta o atendimento dos desejos dos clientes.

2.3 Abordagens da qualidade

Definir qualidade não é uma tarefa simples. Seu conceito varia conforme a formação, experiência profissional e grau de contato com atividades correlatas. Ao se perguntar a duas pessoas o que é qualidade, muito provavelmente obter-se-ão duas respostas distintas. Isso acontece porque a qualidade pode ser entendida de pontos de vista bastante diferentes.

Alguns a veem como algo matemático e preciso e julgam que ela é a obediência precisa aos padrões de projeto e, portanto, possui todas as condições de ser mensurada. Já outros a veem como algo mais subjetivo, ou seja, dependente da experiência e opinião de cada indivíduo e, por esse motivo, é de difícil medição.

Levando-se em conta esses fatores complexos na definição da qualidade, o professor Garvin (1998) sugeriu que ela fosse definida com base em cinco abordagens:

- transcendental;
- baseada no produto;
- baseada no usuário;
- baseada na produção;
- baseada no valor.

Essas abordagens são sucintamente discutidas a seguir:

Abordagem transcendental

Esta abordagem da qualidade é totalmente subjetiva e está relacionada a uma sensação ou impressão sobre determinado produto ou serviço e, portanto, não pode ser mensurada a partir de parâmetros exatos. Trata-se de um padrão absoluto, de uma sensação, ou seja, algo pode ter ou não qualidade, sem que se saiba exatamente por quê.

Um dos fatores comumente utilizados para determinar se um produto ou serviço tem qualidade conforme a abordagem transcendental é a comparação. Em geral, o cliente utiliza sua experiência em outras circunstâncias como um padrão para definir se algo tem ou não qualidade.

Alguns elementos já se mostraram determinantes na influência sobre essa classificação, tais como:

- o *design* dos produtos: a forma do recipiente e da embalagem, as cores, o material e os acessórios, muitas vezes, geram uma sensação de qualidade que não pode ser comprovada por números, mas apenas percebida/sentida pelo cliente;
- a marca: produtos e serviços provenientes de empresas de nome forte no mercado por si só já contam com um diferencial em relação à concorrência. Alguns produtos, de tão destacados no mercado, ainda que não se tenha tido contato direto com eles, passam uma sensação de qualidade.

Como exemplos de produtos que se enquadram nessa abordagem podem-se citar a caneta Montblanc, o relógio Rolex e o Burj Al Arab Hotel em Dubai. Mesmo nunca tendo utilizado esses produtos ou serviços, tem-se a forte impressão de se tratar de algo com qualidade muito acima da média, em razão dos aspectos aqui já expostos.

O fato de eles terem qualidade do enfoque transcendental não significa que não possam ter qualidade também do ponto de vista das demais abordagens. Contudo, ter qualidade de acordo com esta abordagem permite que se tenha um preço para o produto ou serviço muito acima do praticado pelo mercado em virtude do valor emocional que desperta.

Abordagem baseada no produto

Esta abordagem, como o próprio título já evidencia, tem foco no produto e considera com mais qualidade aquele que tenha mais atributos, opcionais ou funções. Logo, pode-se facilmente perceber que é passível de mensuração.

Contudo, é desejável que se comparem produtos com características básicas (estruturais) semelhantes, ou seja, um medidor de pressão arterial digital não pode ser comparado, conforme esta abordagem, com um medidor de pressão arterial analógico, pois os princípios de funcionamento deles são diferentes.

Para exemplificar essa situação, pode-se continuar com o exemplo dos aparelhos medidores digitais de pressão. Um desses aparelhos digitais que infle com auxílio de um motor movido a pilha tem mais qualidade, conforme esta abordagem, que outro que necessite de bombeamento manual, pois possui um atributo a mais.

Apesar de o nome da abordagem ter explicitamente a palavra "produto", ela pode perfeitamente ser aplicada a serviços. Como exemplo, pode-se citar o seguro automotivo.

Uma seguradora que ofereça seguro para automóvel e, como bônus, serviços de manutenção residencial (consertos de eletrodomésticos como geladeira, máquina de lavar e fogão, reparos em instalações hidráulicas e elétricas e chaveiro 24 horas), conforme esta abordagem, comercializa um serviço com mais qualidade que outra que ofereça apenas a cobertura para o automóvel.

Abordagem baseada no usuário

É muito comum ouvir a expressão "o cliente tem sempre razão". Ela representa exatamente o princípio desta abordagem. Não importa o quanto uma empresa faça ou acha que está fazendo para produzir produtos com qualidade. Quem vai dizer se está realmente tendo as necessidades atendidas e se os produtos ou serviços oferecidos são bons é o cliente, que invariavelmente, mais cedo ou mais tarde, troca de produto ou empresa quando não se sente satisfeito.

A experiência tem mostrado recorrentes e interessantes situações em relação a essa questão. Não é incomum encontrar empresas que investem consideravelmente na qualidade, implantando sistemas com base na norma ISO 9001, treinando sistematicamente seus funcionários, contratando consultorias especializadas etc., e ainda assim veem seus clientes insatisfeitos.

Mas, independentemente do que se faça, conforme esta abordagem, possui qualidade o produto ou serviço que o cliente diz ou acha que tem.

Obviamente, se todo esforço investido na qualidade não está se refletindo positivamente na opinião do cliente, há algo de errado na forma como as coisas estão sendo desenvolvidas. Os instrumentos de identificação das necessidades dos clientes e de medição de sua satisfação podem ter sido mal formulados ou utilizados, a alta administração pode não estar realmente comprometida com o sistema da qualidade e não estar utilizando as informações provenientes do sistema para subsidiar suas decisões etc. Cabe, nessa situação, uma profunda autoanálise para que correções de rumo sejam estabelecidas.

Um clássico exemplo que pode ser dado sobre esta abordagem é o caso dos livros mais vendidos, os *best-sellers*. Em geral, os livros classificados nessa categoria não são considerados pelos integrantes das Academias de Letras os melhores, mas os leitores discordam dessa opinião.

Abordagem baseada na produção

Esta abordagem enxerga a qualidade pela perspectiva do perfeito atendimento às especificações. É, portanto, passível de mensuração e condiciona o *status* de bom produto ou serviço àquele que obedeceu rigidamente o projeto.

Não se está questionando aqui se o projeto foi ou não bem desenvolvido e se o cliente foi ou não devidamente ouvido, mas se a produção teve precisão suficiente para atender as características previstas para o produto ou serviço.

De acordo com esta abordagem, portanto, um carro popular pode ter mais qualidade que um de alto luxo desde que tenha seguido mais precisamente o projeto, independentemente de seus atributos (*performance*, opcionais, estilo etc.).

Abordagem baseada no valor

Já esta abordagem trata de um conceito mais moderno em que se diz que a qualidade é relativa e a possui em melhor nível aquele produto ou serviço que atende as necessidades do cliente e que está a seu alcance, ou seja, não adianta um bem ou serviço ter características excepcionais, atendendo a várias outras abordagens aqui já anunciadas, e o cliente não ter, por exemplo, as condições financeiras para adquiri-lo. Para esse cliente, de nada adianta todo esforço empreendido para se projetar, produzir e comercializar um produto de qualidade, pois ele não o utilizará. Trata-se, portanto, de uma abordagem que foca o custo × benefício.

Como exemplo, pode-se citar o caso dos planos de saúde. Um plano de saúde que oferece a possibilidade de reembolso de pagamento de consultas para médicos não conveniados à sua rede possui mais qualidade porque tem maior flexibilidade e adequação à necessidade do cliente do que outro que não oferece essa alternativa. Porém essa percepção de qualidade não é verdadeira para um cliente que não está usufruindo desse serviço em razão de seu alto valor. Para ele, o melhor plano de saúde é aquele com melhores condições, atributos e serviços que ele pode pagar.

2.4 Ambientes da qualidade

A qualidade possui relação direta com as características dos ambientes organizacionais. Nesse sentido, Paladini (2000) destaca três ambientes básicos da qualidade: *in-line*, *on-line* e *off-line*, que serão sucintamente apresentados a seguir.

Ambiente da qualidade *in-line*

Esse ambiente está diretamente relacionado ao processo produtivo. Nele o principal objetivo é garantir a fabricação de produtos sem defeitos, ou seja, o perfeito atendimento das especificações de projeto a partir do desenvolvimento e compartilhamento de conhecimentos técnicos que possam melhorar as operações de fabricação contribuindo para o esforço coletivo em prol da qualidade.

Para isso são enfatizados as estratégias de operações, os métodos de trabalho, os materiais e os equipamentos.

São atividades típicas deste ambiente: projetos de melhoria de operação, programas de redução de desperdícios, racionalização de custos, eliminação de perdas de produção etc. a partir da gestão adequada de energia, matérias-primas, trabalho, materiais de suporte, e outros (PALADINI, 2000).

Portanto, qualidade *in-line* está fortemente relacionada ao processo produtivo.

Ambiente da qualidade *off-line*

Este ambiente amplia o conceito de processo produtivo para além das operações básicas e diretas das linhas de produção. São operações, áreas e funções fora da linha de produção, mas com estreita relação com ela, apoiando-a em inúmeros aspectos essenciais para o perfeito funcionamento.

Como exemplo podem-se citar as atividades de manutenção, o setor de almoxarifado, a área de recursos humanos, marketing etc. O ambiente *off-line* reforça o conceito de qualidade total conforme o qual toda a empresa deve se preocupar e apoiar a busca contínua pela qualidade (PALADINI, 2000).

Portanto, qualidade *off-line* está fortemente relacionada ao suporte ao processo produtivo.

Ambiente da qualidade *on-line*

O ambiente *on-line* trata das interações da empresa com o mercado, destacando-se seu relacionamento com o consumidor. Nele verifica-se um grande esforço para prever e captar oscilações nas preferências, hábitos e comportamentos do consumidor de forma a retroalimentar projetos, especificações e a própria produção, de modo a adaptar a empresa no menor espaço de tempo possível a essa nova realidade.

A ideia é ter um produto sempre adequado às necessidades do consumidor, portanto, este ambiente está estritamente relacionado à capacidade de reação da empresa às mudanças de mercado, que é muito dinâmico.

Neste ambiente a preocupação e o investimento centram-se na previsão de cenários e no monitoramento e análise do mercado de forma a identificar suas principais mudanças e tendências. Por isso os sistemas flexíveis de manufatura e da tecnologia da informação (sistema de informações) são elementos fundamentais para o desenvolvimento da qualidade neste tipo de ambiente.

Portanto, qualidade *on-line* está fortemente relacionada às reações ao mercado.

2.5 Custos da qualidade

Quando se fala em custos da qualidade, na verdade, está se considerando o custo proveniente da falta de qualidade, ou seja, aqueles que não existiriam se os princípios da qualidade estivessem sendo devidamente desenvolvidos e utilizados pela organização e também aqueles relacionados com a tentativa de evitar que erros aconteçam na empresa.

A mensuração dos custos da qualidade é um excelente argumento para convencer a alta direção a investir no desenvolvimento e implantação de um sistema de gestão da qualidade. Contudo, para que eles possam ser tabulados e analisados, é necessário que se tenha acesso a informações financeiras e operacionais de setores distintos e, muitas vezes, até de plantas fabris diferentes de uma mesma organização, o que não é algo de fácil acesso.

Os custos da qualidade são divididos em *custos de controle* e *custos das falhas dos controles*. Os custos de controle são subdivididos em custos de prevenção, que envolvem todos os investimentos para que se previna a ocorrência do erro (educação, treinamentos, palestras etc.), e custos de avaliação, que são os custos provenientes dos instrumentos para medição do sistema da qualidade e verificação do seu funcionamento (inspeções, auditorias etc.) (veja Quadro 2.2) (ROBLES, 1996).

Já os custos das falhas dos controles são subdivididos em custos das falhas internas e custos das falhas externas. As falhas internas são aquelas em que o problema ocorre ainda na empresa (refugos e retrabalhos, por exemplo) e as externas, fora dela. Estas últimas geram sérios arranhões à imagem da empresa, processos judiciais e outras consequências.

Quadro 2.2 Custos da qualidade

Custos de controle	Custos de prevenção
	Custos de avaliação
Custos das falhas dos controles	Custos das falhas internas
	Custos das falhas externas

Fonte: ROBLES, 1996.

Custos de prevenção

Ocorrem quando se busca prevenir problemas futuros. Incluem o que se gasta durante a observação e identificação de problemas antes da execução ou produção de determinado bem ou serviço. Se, por um lado, prevenir problemas tem um custo adicional ao processo de produção, por outro, a solução dos problemas após a sua ocorrência pode significar um custo muito maior, haja vista que um produto ou serviço com defeito ou sem condição de concorrência no mercado pode causar prejuízos maiores e, às vezes, favorecer para que uma empresa diminua sua parcela no mercado consumidor, além de afetar negativamente a imagem da empresa, bem de valor para qualquer organização.

Deve-se lembrar, ainda, que a necessidade de capacitação do pessoal envolvido diretamente no processo de produção não pode ser colocada em um segundo plano, pois a execução de um processo produtivo por agentes não qualificados também pode incorrer em grandes prejuízos, levando, até mesmo, ao desperdício dos fatores de produção utilizados.

Custos de avaliação

São especificamente voltados para o controle de qualidade. Estes custos ocorrem quando os agentes envolvidos diretamente no processo de produção checam a possibilidade da existência de problemas e erros que podem ocorrer durante o processo de fabricação e/ou execução do produto ou serviço.

Nesse caso, podem-se adotar programas de controle estatístico do processo (CEP) mediante a utilização de planos de amostragem e análises matemático-estatísticas. Podem-se também definir criteriosamente o tempo e o esforço requeridos para inspecionar os fatores de produção e o próprio produto acabado, além de utilizar os instrumentos de auditoria da qualidade e pesquisas de satisfação de consumidores.

Custos de falhas internas

Ocorrem na medida em que são detectados erros na operação interna, isto é, problemas com peças e materiais refugados ou retrabalhados. Incluem também a perda de tempo durante o processo de produção, bem como o tempo despendido pelos agentes envolvidos na solução dos erros ocorridos.

Assim, é necessário identificar os erros internos a partir de um controle rígido dos fatores de produção utilizados no processo, bem como controlar o tempo de desempenho das funções exercidas pelos agentes produtivos. Nesse sentido, a especialização e a qualificação dos agentes envolvidos no processo tornam-se importantes à medida que o controle de qualidade, antes voltado somente para a questão dos materiais e produtos, passa a envolver-se também com a qualificação da mão de obra. Mais adiante, neste livro, vamos tratar mais um pouco da questão das perdas nos processos.

Custos de falhas externas

São aqueles que ocorrem quando o produto ou serviço defeituoso chega às mãos dos consumidores, ou seja, após a entrega do produto ao mercado. Nesse caso, os consumidores são afetados em relação à confiança que eles têm no produto ou serviço e, consequentemente, na empresa. Pode ocorrer, ainda, quando a própria empresa disponibiliza no mercado um produto sem as características ideais ou prometidas quanto a peso, tamanho e outros aspectos, o que leva à necessidade de substituição do produto oferecido.

É possível demonstrar graficamente que os custos da qualidade se relacionam entre si e que na medida em que aumentam as atividades de prevenção e de avaliação, os custos das falhas (internas + externas) tendem a diminuir continuamente, conforme já salientado anteriormente (Figura 2.1).

As análises dos custos da qualidade devem levar em consideração o custo total, ou seja, a soma dos custos das falhas de controle e dos custos de controle em determinado instante. Dessa forma, é possível ter uma noção do quanto está se investindo (no caso do controle) e gastando (no caso das falhas) como um todo. Desse modo, pode-se identificar o nível ótimo de investimento, que é a situação em que o custo total é menor.

Para Robles Jr. (1996), torna-se importante mensurar a qualidade por meio dos custos de qualidade, pois a partir deles é possível atender a vários objetivos, tais como: identificar a perda da empresa com a falta de qualidade, fixar os objetivos e os recursos para o trei-

Fundamentos da qualidade • 27

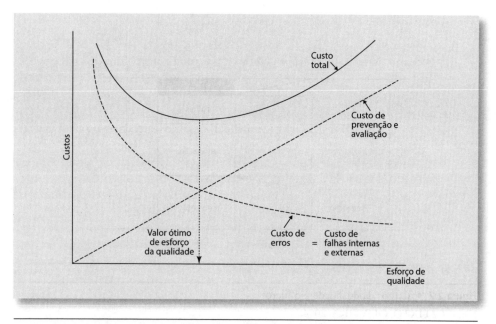

Figura 2.1 • Relação entre os custos da qualidade.

namento do pessoal, facilitar a elaboração do orçamento de custos da qualidade, aumentar a produtividade por meio da qualidade etc.

O autor ainda ressalta que um eficiente sistema de custos da qualidade deve ser planejado em função de sua integração com o sistema contábil e com os demais sistemas da empresa, ou seja, para se atingir um nível de produtividade e lucratividade almejado pelas empresas em pleno momento de globalização mundial é necessário que todos os setores/departamentos das empresas operem em integração total.

A Figura 2.2 mostra esquematicamente como se comporta a distribuição dos custos e do lucro em função da implantação de um sistema da qualidade.

2.6 Princípios da gestão da qualidade

A gestão da qualidade pode ser sistematizada em alguns princípios. Eles representam um conjunto de elementos que, se bem estruturados, gerarão resultados animadores para a gestão e controle de processos, para organização dos diversos setores da empresa e para produção de bens e serviços que efetivamente atendam ao que o mercado deseja. Contudo, seu desenvolvimento demanda alto com-

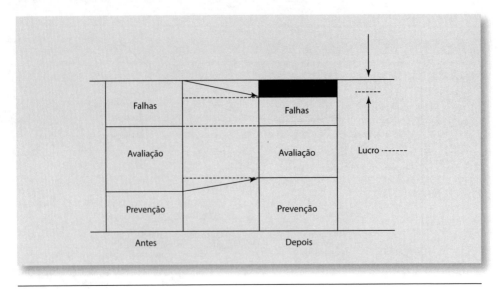

Figura 2.2 • Custos da qualidade e o lucro.
Fonte: CALIXTO; OLIVEIRA, 2004.

promisso e grande esforço de todos os seus integrantes, a começar pela alta administração, conforme se verá a seguir.

De acordo com Oliveira (2004) esses princípios são:

1 – Total satisfação do cliente

Este é, de fato, o princípio básico que vai nortear todos os demais. O cliente é a peça-chave para a qualidade. Tudo na empresa deve ser feito pensando em sua satisfação, que é consequência do atendimento de suas expectativas e necessidades. Somente dessa forma vai se garantir a sobrevivência organizacional a longo prazo.

No entanto, como saber se o cliente está satisfeito realmente? Só há uma maneira confiável: perguntando para ele. E isso pode-se dar de diversas formas: por meio de entrevistas, questionários, serviço de atendimento ao consumidor (SAC) e outros. Esses instrumentos permitem conhecer o que está adequado no produto ou serviço comercializado e o que pode ser melhorado. São informações valiosas que vão ajudar muito no aumento da competitividade.

O volume de vendas nem sempre é uma informação que reflete o grau de satisfação do consumidor, pois ele pode estar comprando determinado produto única e exclusivamente em razão do seu preço e pode estar consciente de que ele não tem os atributos de que gostaria.

2 – Gerência participativa

Este princípio está relacionado com o envolvimento dos subordinados nas decisões e planejamento das suas próprias atividades e de toda a equipe. Não se trata de transferir a responsabilidade para o escalão abaixo, mas consultá-lo e envolvê-lo no processo anterior à execução das atividades.

Dessa forma, estará se ouvindo quem efetivamente desenvolve o processo e, por esse motivo, as chances de as decisões estarem mais adequadas à realidade e necessidades da empresa, de seus funcionários e dos próprios processos e gerarem maior eficácia são muito maiores.

A gerência participativa tem um alto componente motivacional, pois, quando consultado sobre assuntos que vão além de suas atividades de rotina, o funcionário sente-se importante e mais útil para a empresa, e, consequentemente, mostra-se mais disposto a colaborar em todos os aspectos.

3 – Desenvolvimento de recursos humanos

O recurso humano é a mola-mestra de toda empresa, pois a partir dele é possível conquistar seus dois objetivos mais importantes: satisfazer a necessidade dos clientes e gerar lucro.

Contudo, para que os funcionários efetivamente ajudem a alcançar esses dois objetivos, é necessário que eles estejam motivados e capacitados. A motivação pode-se dar de diversas maneiras: reconhecimento do seu trabalho, autonomia, remuneração justa, condições físicas e instrumentais adequadas, tarefas interessantes e desafiadoras etc.

Já com relação à capacitação, um funcionário pode estar até motivado para realizar determinada tarefa, porém, se não tiver o conhecimento necessário para tal, muito provavelmente acontecerão erros. As empresas devem estar atentas a essa questão e o setor de recursos humanos deve trabalhar intensamente nesse sentido. O suporte desse setor é fundamental para o sucesso dos programas de qualidade.

Em se tratando de qualidade, dois tipos de treinamento são essenciais: o técnico e o de gestão. O primeiro refere-se à capacitação sobre os processos técnicos que o funcionário deve executar e o segundo, aos elementos que compõem os sistemas de gestão da qualidade, incluindo aqueles relacionados à motivação.

4 – Constância de propósitos

Produzir bens e serviços de qualidade demanda disciplina e esforço. Eles estão diretamente relacionados ao ser humano que, no caso da qualidade, envolve tanto os integrantes da alta administração como o restante da empresa.

Durante o desenvolvimento de um sistema da qualidade surgem diversas "motivações" para se desistir dele: documentação de processos, padronização de procedimentos, intensificação de treinamentos, instituição de indicadores, auditorias etc.

Todos esses elementos são salutares para a empresa, mas aquelas que passaram muito tempo na desorganização certamente vão precisar de mais dedicação, tempo e recursos (financeiros e humanos).

Só prosseguem até o fim com programas desse tipo as organizações que tenham muita certeza do que querem e que enxergam na qualidade uma consistente alternativa para alcançar seus propósitos.

5 – Aperfeiçoamento contínuo

Muitas pessoas erroneamente pensam que qualidade lida somente com a padronização de processos e produtos. De fato, a padronização é um dos pilares dessa teoria, contudo outro elemento tão importante quanto ela é a melhoria.

A qualidade pressupõe uma busca incessante da melhoria e isso se pode dar por meio do ciclo PDCA. Ele foi idealizado por Shewhart com a função de estruturar os passos para que dada melhoria seja alcançada. Ele é composto pelos itens *plan* (planejar), *do* (fazer/realizar), *check* (verificar) e *action* (agir). Trata-se, portanto, de uma sequência de atividades que devem ser executadas de maneira cíclica para se melhorar um processo, produto ou serviço (ANDRADE, 2003; OLIVEIRA, 2004).

O item *planejamento* tem como objetivo definir as metas de melhoria a serem alcançadas e os métodos para sua consecução. O item *fazer/realizar* trata do estabelecimento das condições para que o que foi planejado possa ocorrer (capacitação, infraestrutura, equipamentos etc.) e da execução propriamente dita. Já a *verificação* tem a importante função de medir os resultados e concluir se o planejado foi ou não alcançado. E o *agir* é a etapa na qual se deve proceder aos ajustes para que o objetivo inicial seja alcançado, caso ele ainda não tenha sido conseguido na etapa (giro) anterior do ciclo. A Figura 2.3 apresenta um esquema gráfico do ciclo PDCA.

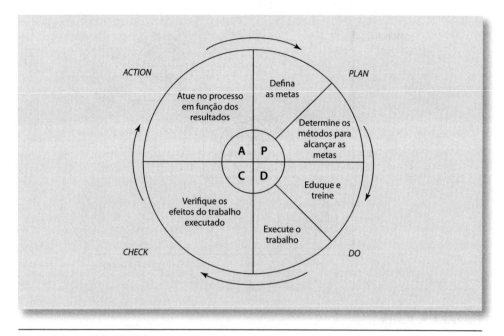

Figura 2.3 • Ciclo PDCA.
Fonte: Adaptado de ANDRADE (2003) e OLIVEIRA (2004).

Ressalta-se que esse ciclo é bastante eficaz quando utilizado em processos específicos de melhoria e que ele não é uma ferramenta para gerenciamento de processos rotineiros.

A melhoria contínua, ou *kaizen*, é a ininterrupta utilização do ciclo PDCA visando elevar o nível de qualidade dos diversos processos da empresa. Na medida em que o ciclo PDCA é girado continuamente ao longo do tempo, incrementos na qualidade tendem a ser verificados.

A Figura 2.4, em que no eixo vertical está assinalado o grau de qualidade e no eixo horizontal o tempo, ilustra o funcionamento básico *kaizen*. Ao final de cada etapa completa de utilização do PDCA, em geral, verifica-se um aumento no nível de qualidade do processo, produto ou serviço.

Ao contrário da teoria da reengenharia, que prega mudanças radicais para se alcançar um estágio de excelência, o *kaizen* acredita em pequenas e constantes melhorias como forma de ter sempre um processo moderno e racionalizado gerando competitividade para as empresas.

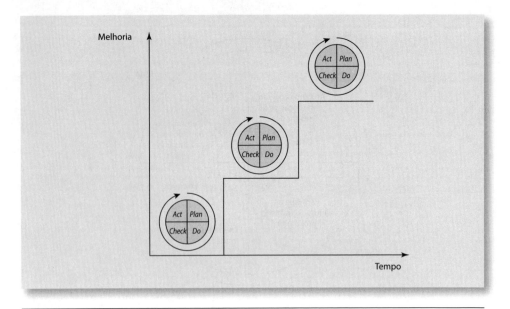

Figura 2.4 • *Kaizen.*

6 – Gestão e controle de processos

Conforme já salientado, um dos elementos fundamentais na teoria da qualidade é a padronização. A partir do atendimento e verificação das especificações durante a realização dos processos, é possível garantir uma variação mínima nas características dos produtos e serviços de forma que eles realmente atendam as necessidades dos clientes.

Existem diversas ferramentas e programas da qualidade que podem auxiliar nessa função: *check lists*, inspeções, auditorias, cartas de controle, seis sigma etc. Eles serão apresentados mais adiante neste livro.

Para o desenvolvimento da padronização, o Productivity Press Development Team (2002) recomenda quatro passos principais:

a) definir o padrão,
b) comunicar o padrão,
c) estabelecer a adesão ao padrão;
d) propiciar a melhoria contínua do padrão.

Contudo, é importante observar que a simples imposição de um padrão ao trabalhador não vai criar nele o sentimento de responsabilidade pela atividade que desenvolve. É necessário envolvê-lo no estabelecimento do padrão, explicar seus objetivos e potenciais resultados. Dessa forma, evitando tratá-lo como um mero substituto de uma máquina e priorizando a gerência participativa, haverá muito menos resistência às mudanças e, portanto, as chances de sucesso do processo de padronização aumentarão consideravelmente (KONDO, 2000).

A padronização de processos dá-se principalmente por meio da sua documentação formal. Trata-se de informações na forma de texto ou gráfica objetivando esclarecer as relações entre as atividades, pessoal, informações e objetivos em determinado fluxo de trabalho (UNGAN, 2006).

Um interessante mecanismo para o estabelecimento, manutenção e melhoria da padronização é o ciclo SDCA (*standard, do, control and action*), conforme se pode verificar na Figura 2.5.

Ele deve ser utilizado logo após um giro bem-sucedido do ciclo PDCA, pois, dessa forma, a melhoria conseguida será efetivamente estabelecida e difundida para os setores pertinentes da empresa.

Apesar disso, esse ciclo também prevê a melhoria do padrão estabelecido em função das possibilidades de ajustes provenientes do seu uso. Portanto, o passo *standard* (padronização) está relacionado ao estabelecimento do padrão propriamente dito, o *do* (fazer/realizar) trata do uso cotidiano desse padrão, o *check* (verificar) significa continuamente monitorar se os elementos previstos no padrão estão sendo alcançados e o *action* (agir) garante a realização dos ajustes necessários para que o padrão seja de fato conseguido e possua estabilidade para se manter ao longo do tempo.

Na Figura 2.6 há uma representação de como funciona o trabalho sequencial do PDCA com o SDCA.

7 – Disseminação de informações

Este é um outro elemento fundamental para a qualidade porque tem relação direta e intensa com praticamente todos os outros princípios.

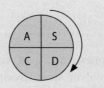

Figura 2.5 • Ciclo SDCA.

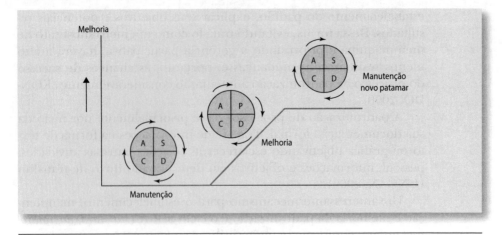

Figura 2.6 • Trabalho sequencial do PDCA e SDCA.
Fonte: Adaptado de CAMPOS, 1990.

Além disso, elementos básicos da qualidade, como padronização, treinamentos e indicadores, são altamente dependentes da eficácia do sistema de informações da empresa e, consequentemente, do processo de disseminação de informações.

A informação para um sistema da qualidade deve ter as seguintes características básicas: *deve ser precisa*, pois tem de ser confiável; *deve ser oportuna*, pois tem de estar disponível no momento correto, em que, de fato, se esteja precisando dela; e *deve ser sucinta*, pois é muito difícil trabalhar com excessiva quantidade de informações, que não estejam tabuladas, condensadas e que, quando possível, sejam representadas com o auxílio de elementos gráficos.

Um mecanismo que pode auxiliar consideravelmente no gerenciamento de informações e, portanto, na manutenção e melhoria da qualidade é a gestão do conhecimento. Ela procura transformar as informações que estão apenas na cabeça dos funcionários (conhecimento tácito) em informações documentadas (conhecimento explícito).

8 – Delegação

Não é incomum encontrar gestores que dizem não ter tempo suficiente para desenvolver suas atividades dado o excessivo número de compromissos que possuem. No entanto, em geral, ao verificar mais detalhadamente suas atividades, constata-se que grande parte delas é centralizadora.

Não se tem aqui a pretensão de discutir os motivos pelos quais uma pessoa tende a ser centralizadora, mas sim de ressaltar os prejuízos dessa característica para o desenvolvimento das atividades pessoais, para a motivação de subordinados e para a eficácia do sistema da qualidade como um todo.

Delegar atividades para níveis hierárquicos mais baixos alivia consideravelmente a agenda do gestor e permite que ele se concentre no que é mais importante. Além disso, assim como no caso da gerência participativa, motiva consideravelmente o funcionário, que se sente mais importante e realmente responsável por parte do sucesso da empresa.

Vale também ressaltar que, quando se delega uma atividade, se devem transmitir também a autoridade para sua execução e a responsabilidade pelo seu êxito ou fracasso.

Por fim, a delegação para níveis mais baixos na empresa permite que as decisões sejam tomadas por profissionais que estão mais próximos aos processos e isso garante a elas maior grau de exequibilidade.

9 – Assistência técnica

A assistência técnica deve ser encarada como uma grande oportunidade de ouvir o cliente e, consequentemente, de melhorar o produto ou serviço oferecido. A partir dela podem-se melhorar o projeto, o processo, a distribuição, a comercialização etc.

É comum encontrar empresas tratando a assistência técnica como um grande mal e não como uma ferramenta diretamente relacionada à melhoria contínua. Além disso, quando bem estruturada, ela permite que se minimizem eventuais perdas de clientes e a propagação (divulgação negativa) de problemas ocorridos com produtos durante seu uso.

10 – Gestão das interfaces com agentes externos

Uma das características da gestão da qualidade é sua penetração por toda a empresa e também a influência – de mão dupla – sobre seus agentes intervenientes (*stakeholders*).[2]

Uma corporação com um sistema da qualidade bem desenvolvido inexoravelmente acaba por influenciar tanto a montante quanto a jusante a cadeia produtiva a que pertence.

Ela acaba aumentando seu grau de exigência em relação a seus fornecedores, exigindo pontualidade, flexibilidade e qualidade de

---

[2] São os diversos agentes intervenientes envolvidos em um negócio, como os acionistas, os gestores, os funcionários, o governo, os clientes, os fornecedores etc.

produtos e serviços e induzindo positivamente seus clientes a partir do oferecimento de produtos e pacotes de serviços mais completos e que melhor se ajustem a suas necessidades, mas também é influenciada por eles.

11 – Garantia da qualidade

Este item é o mais complexo de todos, pois pressupõe um desempenho mínimo em cada um dos outros já apresentados. Obviamente, cada empresa tem suas competências e vocações para ser melhor em um ou outro destes princípios, porém um sistema de gestão da qualidade eficaz tem de estar embasado em desempenhos razoáveis em todos eles.

Logo, as organizações devem realizar um autodiagnóstico sobre cada um desses princípios para ter consciência de seus pontos fracos e fortes em relação à qualidade e poder melhorá-los, desenvolvê-los ou potencializá-los, conforme o caso.

2.7 Sistema de gestão da qualidade

Para facilitar o desenvolvimento desses princípios é aconselhável que se desenvolva na empresa um sistema de gestão da qualidade (SGQ). A seguir serão vistos alguns conceitos que formam a sua base (sistema e sistema empresarial) e os principais elementos que o compõem (política da qualidade, documentação, auditorias, recursos humanos, logística e suprimentos, sistema de informações e sistema produtivo) (OLIVEIRA, 2004).

Conceito de sistema

Sistema é um conjunto de partes que interagem e se interdependem, formando um todo único com objetivos e propósitos em comum, efetuando sinergicamente determinada função. É composto por outros sistemas menores, denominados subsistemas, que estão sequencialmente dependentes uns dos outros. O desempenho de cada uma dessas partes define o sucesso do sistema maior (OLIVEIRA, 2004).

Sistema empresarial

O sistema empresarial é uma especialização do conceito de sistema. Ele é formado por entradas (*inputs*), processamento, saídas (*outputs*) e retroalimentação (OLIVEIRA, 2004), conforme pode ser visto na Figura 2.7.

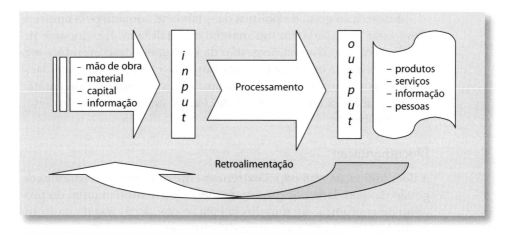

Figura 2.7 • Representação de um sistema empresarial.

Já o sistema da qualidade é um conjunto de elementos dinamicamente inter-relacionados que opera sobre a entrada e, após processamento, a transforma em saída que atenda as necessidades e expectativas dos clientes internos e externos. A retroalimentação (*feedback*) também é um elemento fundamental neste conceito.

Política da qualidade

O primeiro passo para a implantação de um sistema da qualidade é a formalização, pela alta direção, de sua política da qualidade, ou seja, a definição do sistema de qualidade adotado pela empresa, deixando claros os objetivos pretendidos. A política da qualidade é um documento que deve explicitar, de forma sintética, o compromisso da alta administração com a qualidade, servindo como guia filosófico para as ações gerenciais, técnicas, operacionais e administrativas. Além disso, o referido documento possibilitará a divulgação, entre os clientes externos, do comprometimento da empresa para com a qualidade.

A política da qualidade deve transmitir a identidade da organização com relação à qualidade e deve ser largamente difundida e debatida com todos os seus colaboradores. Ela serve como referência permanente com fornecedores, clientes internos e externos. As atividades da função qualidade não devem estar centralizadas em um departamento da qualidade, mas, sim, serem exercidas com o apoio e a intervenção direta de todos os níveis da empresa.

A descrição geral da política da qualidade adotada pela empresa deve estar delineada em um manual da qualidade. É o documento que consolida o sistema de gestão da qualidade, descrevendo a maneira pela qual a empresa procura atingir os elementos da qualidade expressos em sua política. É, portanto, um documento de caráter geral, aplicável à empresa como um todo e não a um ou outro setor especificamente.

Documentação

A documentação tem papel extremamente relevante nos sistemas de gestão da qualidade por diversas razões: é parte fundamental do processo de comunicação, tem direta ligação com a eficácia da padronização, viabiliza a utilização de indicadores etc.

Ela é essencial para implementação e, principalmente, para manutenção do sistema de gestão da qualidade. A base da documentação é o sistema de normas da empresa, abrangendo procedimentos administrativos, técnicos e de controle da qualidade. A confecção e a distribuição dessa documentação devem ser criteriosamente controladas de forma a garantir que estejam nos locais adequados no momento certo.

Um bom gerenciamento da documentação permite a melhoria da integração entre os setores da empresa; registro da cultura produtiva (diminuição da importância de pessoas-chaves na organização) e maior capacidade de inovar e melhorar continuadamente os processos em razão da retroalimentação dos procedimentos.

Auditorias

As auditorias, tanto internas como externas, são o principal instrumento utilizado para verificar o desempenho do sistema de gestão da qualidade. Elas representam uma importante oportunidade para a melhoria contínua. Seus resultados devem subsidiar os planejamentos de médio e longo prazo em relação à qualidade, os quais geralmente são traçados nas reuniões de análise crítica, que são integradas pela alta direção da empresa.

Trata-se de um processo sistemático, documentado e independente, realizado por profissional capacitado e habilitado, para obter evidências do cumprimento dos requisitos relativos ao padrão normativo pretendido ou vigente. A auditoria deve gerar confiança em todas as partes interessadas com base nos princípios de independência, imparcialidade e competência.

Nelas é avaliado o grau de implementação dos procedimentos da qualidade e isso permite orientar os responsáveis pelos respectivos setores auditados a corrigir eventuais falhas. Essas auditorias devem ser feitas periodicamente e devem obedecer a um plano preestabelecido.

As auditorias internas são realizadas de forma contínua por pessoal capacitado da própria empresa, possuem um grau de profundidade maior e cobrem menos áreas por vez, porém têm menor independência. Já as auditorias externas são feitas por profissionais (auditores) habilitados sem vínculo com a empresa auditada, podem ser de certificação ou manutenção de determinado sistema, são periódicas, possuem menor profundidade, mas abrangem, em geral, um maior número de áreas.

Elas devem ter as seguintes características:

- ser autorizadas pela alta administração;
- verificar práticas reais e compará-las aos requisitos;
- ter métodos e objetivos específicos e claros;
- ser agendadas com antecedência;
- ser realizadas com prévio conhecimento dos setores a serem auditados e na presença das pessoas cujo trabalho será auditado;
- ser realizadas por pessoal experiente, treinado e independente da área a ser auditada;
- seus resultados e recomendações devem ser examinados e, em seguida, acompanhados para verificar o cumprimento das ações corretivas;
- não devem ter ação punitiva, mas sim corretiva e de aprimoramento.

Recursos humanos

Os recursos humanos são um dos mais importantes elementos de um sistema de gestão da qualidade. É a partir deles que todos os principais elementos da qualidade podem ser construídos.

Os recursos humanos devem ser devidamente prospectados no mercado, selecionados, motivados, treinados e avaliados. Só dessa forma pode-se tirar o máximo potencial deles para apoiar o sistema de gestão da qualidade e, obviamente, todas as demais funções da empresa.

É preciso estar atento aos instrumentos disponíveis para captação e interpretação das necessidades dos funcionários e utilizar essas informações como diferencial competitivo, proporcionando boas condições de trabalho, educação/capacitação e, dentro do possível, lazer ao corpo de empregados, de maneira que isso se reflita diretamente nos índices de produtividade da empresa.

Tais informações podem ser obtidas por meio da realização de estudos para melhor conhecer os empregados e as expectativas deles, identificando os canais de comunicação mais adequados para cada empresa e público-alvo. Pesquisa de clima organizacional, avaliação 360° e mapeamento de cargos e salários são algumas das possibilidades.

É necessário criar alternativas para motivação e envolvimento ativo dos funcionários na questão da qualidade e da produtividade. Os mecanismos de reconhecimento e recompensa (este último mais ligado ao lado monetário de valorização de determinados resultados e comportamentos) devem ser muito bem pensados, pois podem criar uma competição que nem sempre é saudável para a empresa e para os próprios funcionários. O reconhecimento sincero do trabalho e a remuneração justa ainda são eficazes motivadores.

As filosofias e conceitos introduzidos nas empresas durante a implementação dos sistemas de gestão da qualidade representam uma ruptura na estrutura de administração tradicional e enfatizam a necessidade de uma reorientação estratégica. Mas, se a mudança estratégica não estiver sustentada por uma coerente cultura organizacional, estará fadada ao fracasso.

Não se pode deixar de citar a importância do treinamento em todas as esferas da empresa, principalmente com relação à média gerência e os funcionários do chão de fábrica, para o bom desempenho dos sistemas de gestão da qualidade. A atualização e a reciclagem ganham cada vez mais importância em razão da velocidade com que as inovações tecnológicas e gerenciais são lançadas no mercado e vão sendo disseminadas, apoiadas pelo crescimento da tecnologia da informação, por toda a empresa. O treinamento envolve modificações no comportamento dos trabalhadores de diversas ordens por meio da transmissão de informações, desenvolvimento de habilidades, de conceitos e desenvolvimento ou modificação de atitudes.

Logística e suprimentos

A produção de bens e serviços de qualidade é altamente dependente das características dos insumos utilizados em sua composição. É preciso que os fornecedores primem não só pela qualidade do produto fornecido, mas também pela qualidade do fornecimento, pois pontualidade da entrega, flexibilidade de produtos e volumes e integridade do carregamento são muito importantes (SANTOS; OLIVEIRA, 2007).

O sistema de gestão da qualidade tem responsabilidades que vão muito além do processo produtivo. É necessário que haja preocupação a montante e a jusante do processo de produção, ou seja, devem-se englobar as etapas que antecedem a fabricação e também as posteriores a ela. É necessário desenvolver uma metodologia para gerenciamento e seleção dos fornecedores visando à melhoria contínua, de tal forma que eles sejam classificados conforme o nível de qualidade dos produtos e serviços fornecidos (qualidade, prazo, preço etc.), contribuindo, dessa forma, para agregar valor ao produto final e, consequentemente, aumentar seu padrão de qualidade.

Já com relação à etapa posterior à produção, cabe salientar que é fundamental o engajamento da empresa, mesmo que ela terceirize o serviço, no processo de distribuição de seu produto. Afinal, não basta que um produto seja produzido com todos os elementos e características desejáveis; é fundamental que ele esteja no lugar determinado, na quantidade e no momento preestabelecidos, com sua integridade física garantida.

Essa preocupação com a cadeia logística tem sido um dos maiores focos de estudo dos últimos tempos. Prega-se que a empresa que relegar ao segundo plano o gerenciamento de sua cadeia logística (*supply chain management*) deixará de contar com um importante diferencial competitivo que poderia proporcionar diversos benefícios.

Diversos instrumentos para auxiliar na gestão logística estão disponíveis no mercado. Ferramentas baseadas na tecnologia da informação como *efficient consumer response* (ECR), *quick response* (QR), *electronic data interchange* (EDI), *warehouse management system* (WMS), *distribution resource planning* (DRP), *manufacturing resource planning* (MRP), entre outras, possibilitam o gerenciamento e o incremento da cadeia logística e a geração de valor ao produto final a partir de ganhos como economia de tempo, melhoria da qualidade do produto e redução dos custos de estocagem e distribuição.

Sistema de informações

Diante do complexo universo econômico-social, no qual as empresas estão inseridas, o processo de tomada de decisões torna-se elemento de fundamental importância para o seu sucesso. O gerente tem de tomar decisões a todo momento e seu nível de acertos está relacionado com a qualidade das informações disponíveis. É muito importante que elas estejam disponíveis no momento certo, na quantidade certa e com qualidade.

Este elemento, assim como os recursos humanos, é transversal aos setores e processos da organização, ou seja, afeta e dá suporte a eles.

Por esse motivo deve ser objeto de grande atenção dos gestores. Um sistema de informações bem estruturado e eficaz estabelece as bases necessárias para controle e padronização dos processos, treinamento e avaliação dos recursos humanos e subsidia a tomada de decisão.

Um modelo participativo de administração subentende a disseminação sistematizada de informações aos escalões mais baixos da empresa que orientem a tomada de decisões, possibilitando que toda a organização caminhe na mesma direção e, com isso, obtenha ganhos por meio da sinergia e convergência das decisões tomadas.

A retroalimentação é elemento ligado ao sistema de informações que possibilita inúmeros benefícios à organização e que, por esse motivo, deve ser devidamente fomentada e desenvolvida. Por meio do acompanhamento do desempenho do produto no mercado (clientes), é possível redirecionar as estratégias da empresa e corrigir eventuais distorções nos diversos processos da organização (projeto, produção, distribuição etc.) para que o produto passe a atender aos anseios dos clientes e da própria empresa.

Sistema produtivo

O sistema produtivo é o coração da empresa, seja ela de bens ou de serviços. Permite que a transação comercial seja estabelecida com o cliente, pois é o elemento que está efetivamente sendo adquirido.

Todos os demais setores e processos da empresa existem em função dele, seja para divulgar e distribuir seus produtos, para contabilizar os resultados financeiros de sua venda, para gerenciar os recursos utilizados na sua produção etc.

É o resultado de suas atividades (bens ou serviços) que vai ser utilizado e ter contato direto com o cliente. Logo, é essencial que as atividades sejam executadas por pessoal treinado e motivado, que existam especificações claras e precisas que tenham sido estabelecidas a partir dos requisitos reais dos clientes, que existam indicadores para seu monitoramento e se utilizem instrumentos gerenciais para sua melhoria constante.

Independentemente do ramo de atividade da empresa, é necessário que seu processo produtivo seja controlado a fim de evitar a produção de produtos ou serviços com não conformidades. A produção com zero defeito deve ser "perseguida" para que a qualidade dos produtos e serviços possa ser garantida.

Porém, para que isso possa ocorrer, é necessário que a empresa lance mão de ferramentas de controle da produção, como o controle estatístico do processo (CEP), ferramentas para detecção e apresentação de soluções para problemas com produtos e processos (diagrama de Ishikawa, 5W1H, *brainstorming* etc.), e mantenha um rígido programa de tratamento de não conformidades potenciais e não conformidades já ocorridas.

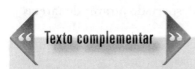

O comprometimento nas organizações

O comprometimento apresenta-se como uma vantagem competitiva, já que na busca por qualidade e eficiência as organizações necessitam a cada dia do empenho das pessoas no trabalho. Não há mais lugar nas organizações para a figura limitada e simplória do funcionário convencional, que não tem nenhum compromisso a não ser o de passar o cartão no relógio de ponto e cumprir rotinas.

Comprometimento organizacional refere-se ao vínculo organizacional do indivíduo com uma instituição. É caracterizado por uma forte identificação da pessoa com a missão e com os valores da organização. Representa mais que envolvimento. Demonstra o grau ao qual uma pessoa se identifica psicologicamente com o seu trabalho. Trata-se da competência mais procurada pelas empresas.

Funcionários comprometidos são recursos indispensáveis para alcançar os objetivos empresariais, pois o comprometimento é visto na disposição para agir, nas atitudes e comportamentos. É dedicação, perseverança e paixão. Disposição para realizar o "algo mais". Esforço para apresentar diferentes soluções, mostrar empenho, iniciativa e criatividade.

Somado a isso, o profissional comprometido atua como um empreendedor, ou seja, trabalha como se a empresa fosse dele. É proativo, está em busca da melhoria contínua e contribui para o crescimento da empresa. Inversamente, para a pessoa pouco identificada com o seu trabalho, a vida se passa fora dele. Ele não constitui o interesse principal; os interesses estão lá fora.

O modo como os gerentes tratam seus subordinados pode influenciar o comprometimento deles. A empresa que deseja obter o comprometimento da equipe trata seus colaboradores como gente, oferece boas condições de trabalho e justas recompensas. Todo indivíduo se compromete, ou pode se comprometer com a organização, se são dados a eles os meios para isso. Também, as relações interpessoais podem contribuir favoravelmente nesse processo. Quanto mais favoráveis forem as relações sociais no ambiente de trabalho, mais as pessoas se comprometem.

O comprometimento ocorre quando o profissional compreende plenamente o seu papel. Ninguém se compromete com o desconhecido. É necessário que a gerência comunique com clareza os objetivos organizacionais. É também de suma importância que a empresa propicie um ambiente estimulador. O comprometimento é despertado através de tarefas desafiantes, de autonomia e participação.

Fonte: Adaptado de OLIVEIRA, 2012.

Atividades

1. Faça uma análise da aplicação das abordagens da qualidade em um negócio de alimentação (lanchonete, cantina escolar etc.).
2. Simule e analise a aplicação dos 11 princípios da qualidade em microempresas ou pequenos negócios. Quais adaptações seriam necessárias?
3. Realize a aplicação do ciclo PDCA em uma atividade rotineira pessoal. Detalhe seus elementos e proponha uma melhoria para essa atividade.

capítulo 3

Qualidade em serviços

Serviço é definido como a ação de ser útil; ato ou efeito de servir. É também estado de quem se disponibiliza ou atua em benefício de outro (SILVA et al., 2004).

A qualidade aplicada ao setor de serviços está relacionada com o fornecimento do produto "serviço" com qualidade superior aos clientes, funcionários e proprietários. Por meio desse conceito percebe-se que a análise não deve se limitar aos clientes externos. É necessário levar em consideração indivíduos de todos os níveis da empresa: funcionários e gestores, ressaltando a importância de cada um na conquista do objetivo comum qualidade (OLIVEIRA, 2004).

Os serviços podem ser classificados de diversas formas, porém uma classificação (tipologia) bastante útil e comum os diferencia pelo seu volume e variedade em *serviços profissionais, loja de serviços* e *serviços de massa* (ROTONDARO; CARVALHO, 2005). A Figura 3.1 apresenta graficamente a relação entre eles.

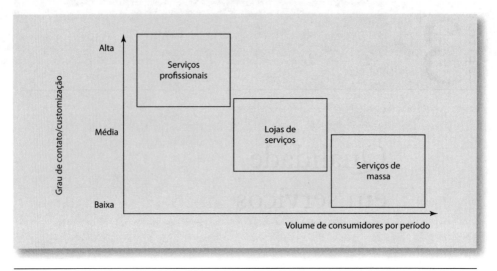

Figura 3.1 • Tipologia de serviços.
Fonte: ROTONDARO; CARVALHO, 2005.

3.1 Tipologia dos serviços

Serviços profissionais

São serviços com alto componente intelectual e intenso contato com o cliente. Costumam ser feitos sob encomenda e, portanto, são bastante personalizados (baixo volume) e demoram a ser realizados. Parte de sua execução pode ocorrer nas instalações do cliente. Sua precificação considera esse alto grau de customização e a necessidade de profundo conhecimento do prestador do serviço. Como exemplos podem-se citar os serviços de projeto de arquitetura e os serviços de consultoria empresarial.

Loja de serviços

A classificação loja de serviços é intermediária entre os serviços profissionais e os serviços de massa, ou seja, trata-se de serviços com relativo contato com o cliente, mediano grau de padronização, mas com algum aspecto de customização e volume intermediário. Como exemplos podem-se citar as agências bancárias, hospitais e restaurantes.

Serviços de massa

Os serviços de massa têm características opostas aos serviços profissionais, ou seja, são altamente padronizados, com pouca participação/contato com o cliente, não personalizados (pouca variabilidade), e têm, em geral, curta duração. Como exemplos de serviços de massa podem-se citar os caixas bancários 24 horas e os cursos de ensino a distância.

3.2 Características dos serviços

Os serviços têm características específicas que devem ser criteriosamente consideradas quando da sua gestão. Entendendo essas particularidades pode-se conseguir maior eficácia no seu projeto, gerenciamento e controle, gerando reflexos positivos sobre sua qualidade (ROTONDARO; CARVALHO, 2005; OLIVEIRA, 2004). As características específicas dos serviços são:

- intangibilidade;
- heterogeneidade;
- impossibilidade de se estocar;
- ativa participação do cliente;
- simultaneidade;
- inseparabilidade.

A seguir, apresentam-se alguns detalhes sobre cada uma dessas características.

Intangibilidade

Os serviços possuem, ainda que com intensidades variadas, a característica da abstração, ou seja, não podem ser tocados ou medidos fisicamente. Quando se vai a uma consulta médica, por exemplo, não é fornecido um bem físico, mas sim uma série de procedimentos provenientes do conhecimento de determinado profissional da área médica.

Em razão disso, fica muito complicado seu gerenciamento. Em geral, é necessário utilizar elementos adicionais para seu monitoramento e controle, tais como medição do tempo de sua execução e da satisfação do consumidor.

Heterogeneidade

Os serviços têm alta dependência do ser humano. A sua execução tem grande influência, então, das características da pessoa que o está prestando. Como o ser humano tem grande variação de personalidade, que inclui aspectos voltados ao grau de meticulosidade e paciência, agilidade, presteza etc., a qualidade de determinado serviço pode variar muito em razão da pessoa que o está executando, por mais que se tente padronizá-lo por meio de treinamento e especificações.

É muito comum que um cliente se torne frequentador assíduo de determinado restaurante muito mais em razão do atendimento recebido do que pela qualidade da refeição, desde que ela tenha o padrão mínimo desejado, é claro. Esse é um exemplo de que a forma de atendimento pode garantir a fidelização de um cliente para produtos ou serviços com padrões semelhantes. É aí que está o diferencial.

Impossibilidade de se estocar

Um dos grandes desafios para gerenciar processos de serviços é sua impossibilidade de armazenagem. A dificuldade incide justamente nos problemas de pico no consumo. Veja os exemplos das lojas de *shopping* em datas festivas (Natal, dia das mães, dia das crianças etc.). Nestas, a demanda aumenta muito e não há como antecipar eficazmente as compras desses clientes, ou seja, o pico dar-se-á efetivamente em um período muito curto de tempo (alguns poucos dias que antecedem e, principalmente, no próprio dia do evento).

Algumas empresas tentam antecipar esse consumo para períodos com demanda menos intensa, veja o exemplo dos hotéis, que oferecem tarifas promocionais em período de baixa estação, mas quase sempre isso não é possível.

O fato é que não se podem estocar vendas, hospedagem ou passagens aéreas. E o aumento da equipe em períodos de pico, em razão do pouco treinamento e baixo envolvimento do funcionário, que sabe que é temporário, acaba por prejudicar a qualidade do serviço prestado.

Ativa participação do cliente

A qualidade do serviço, diferentemente dos produtos, tem direta influência e dependência do comportamento dos clientes. Como ele, em geral, participa do processo de serviço, seu estilo de atuação, flexibilidade e jeito de ser interferem no bom andamento das atividades.

Veja, por exemplo, o caso de um projeto de arquitetura. A forma como o cliente consegue passar ao arquiteto os seus desejos e necessidades vai determinar boa parte do resultado do projeto. Em certo restaurante, a maneira como um cliente solicita a um garçom seu pedido pode influenciar a forma como vai ser tratado.

Simultaneidade

A característica da simultaneidade é outro elemento que vem tornar ainda mais complexa a gestão das atividades de serviço. É muito comum a sua produção ser simultânea a seu consumo, como em uma consulta médica, em que o paciente utiliza o serviço simultaneamente a sua prestação pelo médico.

Este fato também influencia diretamente na qualidade, pois é necessário ter uma equipe treinada e motivada no momento em que, de fato, vai acontecer seu consumo, ou seja, não se pode produzi-lo antecipadamente.

Os reflexos dessa situação são facilmente perceptíveis nas lojas de varejo em datas comemorativas: filas imensas, ânimos à flor da pele e serviços realmente muito ruins. Obviamente os donos desses estabelecimentos prefeririam que a demanda fosse diluída por um período maior, mas, infelizmente, isso não é possível e o gestor tem de criar instrumentos para lidar com essa situação.

Inseparabilidade

A inseparabilidade é um conceito complexo e de difícil compreensão, mas muito importante nesse tipo de atividade. A maneira mais eficaz de apresentá-la é por meio de um exemplo.

Imagine a produção de cem cadeiras escolares. No momento de seu embarque em um caminhão para entregá-las, verificou-se que uma delas estava com problema. Não havia nenhuma sobressalente para substitui-la. Por esse motivo resolveu-se entregar as 99 que estavam perfeitas e, no dia seguinte, fazer a entrega, depois da produção, somente da que faltou.

Por outro lado, imagine um avião com cem lugares prestes a partir em um voo comercial. Um passageiro não se apresenta para a viagem. Nesse caso, é impossível separar esse assento, ou seja, aquele lugar/passagem será perdido para sempre. Esse é um dos motivos pelos quais os médicos infelizmente insistem em marcar diversas consultas no mesmo horário.

3.3 Atividades de linha de frente e de retaguarda

Os processos de serviços, em geral, são compostos por atividades com contato direto com o cliente (atividades de *front office* ou de linha de frente) e atividades que acontecem fora da presença do cliente (atividades de *back office* ou de retaguarda).

A intensidade e complexidade de cada um desses grupos de atividades variam de acordo com a tipologia do serviço. Os serviços profissionais possuem as atividades de linha de frente altamente desenvolvidas, os de massa já necessitam mais das atividades de retaguarda e os classificados como loja de serviços ficam balanceados entre os dois (veja Figura 3.2).

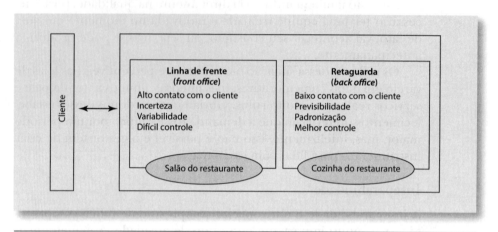

Figura 3.2 • Atividades de linha de frente e retaguarda de serviços.
Fonte: ROTONDARO; CARVALHO, 2005.

3.4 Ambiente de serviços × ambiente de manufatura

Em razão de tudo que já foi aqui exposto, é fácil intuir que o ambiente de serviços tem características bastante distintas do ambiente de manufatura. O Quadro 3.1 apresenta essas principais diferenças.

3.5 Impressão psicológica sobre o serviço

As pessoas avaliam a qualidade de um serviço com base em impressões psicológicas: atmosfera, imagem ou estética. Na prestação de serviço, em que o cliente está em contato direto com o seu prestador, a aparência e as suas ações são muito importantes. Pessoas bem vestidas, corteses, gentis e simpáticas podem afetar consideravelmente a percepção do cliente sobre a qualidade do serviço oferecido (RITZMAN; KRAJEWSKI, 2004).

Se você entra em uma loja e demora a ser atendido ou o vendedor está atendendo a vários clientes simultaneamente e, portanto,

Qualidade em serviços • 51

Quadro 3.1 Diferenças básicas da gestão da qualidade em ambientes industrial e de serviços

Gestão da qualidade em ambientes industriais	Gestão da qualidade em ambiente de serviços
O esforço pela qualidade aparece no produto	O esforço aparece na interação com o cliente
Interação com clientes via produtos	Interação direta com clientes
Elevado suporte	Baixo suporte
Baixa interação	Intensa interação
Suporte ao produto (qualidade de produto)	Suporte ao cliente (qualidade de serviço)
Cliente atua ao final do processo produtivo	Cliente presente ao longo do processo produtivo
Produção e consumo em momentos bem distintos	Produção e consumo simultâneos
Feedback (retorno do usuário sobre o produto adquirido) pode demorar	*Feedback* imediato
Expectativas menos sujeitas a mudanças abruptas	Expectativas dinâmicas
Cliente tende a não influenciar o processo produtivo	Cliente participa do processo produtivo
Resulta de um conjunto de elementos (máquinas e pessoas)	Resulta mais do desempenho dos recursos humanos
Condições favoráveis à padronização	Difícil padronizar
Tende a uniformizar-se a médio prazo	Difícil ter um modelo uniforme de execução
Bens tangíveis podem ser patenteados	Serviços não podem ser patenteados
Bens tangíveis podem ser protegidos em relação a seus processos de fabricação e à forma final como são disponibilizados para comercialização	Serviços, em geral, não podem ser protegidos

Fonte: Adaptado de PALADINI, 2000.

não dispensa a atenção devida a você ou é descortês ou relapso, certamente sua impressão não será boa e a percepção sobre a qualidade do serviço prestado por esse estabelecimento, independente de qual seja, já estará comprometida.

Mudar essa percepção inicial não é uma tarefa fácil, pois realmente a primeira impressão tende a ficar e é muito complexo modificá-la a partir de outras experiências com a mesma empresa, pois não há qualquer garantia de que o cliente retornará. Logo, deve-se ter a máxima atenção possível com as experiências diretas do cliente com a empresa, principalmente em seu primeiro contato, comumente denominado de *momento da verdade*.

Essas considerações são válidas tanto para empresas de serviços tradicionais (lojas, restaurantes, consultorias etc.) como para empresas de serviço que atuam majoritariamente pela internet (*sites* de venda, leilões, ensino *on-line* etc.).

Vale destacar que, apesar de as vendas pela internet se darem sem a necessidade da presença ou contato físico com o consumidor, ainda assim os produtos têm de ser entregues da maneira tradicional, ou seja, por moto, caminhão etc. Esse aspecto faz que a logística continue tendo grande importância mesmo nesse tipo de serviço.

De acordo com Ritzman e Krajewski (2004), os fatores que influenciam a percepção de um cliente sobre a qualidade de um serviço prestado pela web são: página, disponibilidade do produto, desempenho da entrega e possibilidade de contato pessoal.

Um breve comentário sobre eles é feito a seguir:

Página da web

Um bom *site* facilita a navegação e motiva, pela intuitividade e lógica das operações, a realização do pedido (adequação ao uso). Também disponibiliza muitas informações sobre o serviço ou produto que está sendo comprado (especificações, formas de uso, elementos opcionais, valor, impostos, taxas e tempo para entrega etc.) e sobre outros produtos similares. Recentemente os *sites* têm disponibilizado informações, obviamente com um caráter de *marketing*, sobre quais produtos têm sido mais comprados em conjunto com aquele que o cliente está desejando.

Um *site* de uma loja virtual deve ser elaborado seguindo, em grande medida, a lógica de uma vitrine de uma loja física normal, ou seja, deve despertar a atenção do cliente para os produtos, destacar as promoções, enfim, fomentar a compra.

Disponibilidade do produto

A comercialização de produtos pela internet proporciona uma série de comodidades, entre as quais se destacam a possibilidade de realizar a compra em qualquer horário e de um computador de qualquer lugar com acesso à web. Contudo, a indisponibilidade, ainda que momentânea, de determinado produto, o fato de o cliente não ter um contato físico com ele e o receio de fornecer informações bancárias pela rede podem inibir a transação comercial.

A ocorrência de qualquer um desses fatores pode romper definitivamente a possibilidade de um relacionamento com o cliente. Portanto, a empresa deve tomar extremo cuidado com eles. Deve cuidar para que o monitoramento e a reposição de seus estoques não falhem, garantindo a disponibilidade do produto, deve fornecer o máximo de informações sobre o que está sendo pretendido pelo cliente, incluindo fotos de vários ângulos e de suas várias opções e/ou configurações, especificações detalhadas e avaliações de outros clientes que já compraram o produto, e deve disponibilizar diversas formas de pagamento, incluindo aquelas que não necessitam fornecer dados bancários pela internet (cheque, boleto bancário e dinheiro no momento da entrega, por exemplo).

Desempenho da entrega

A precisão na entrega (pontualidade, produtos em perfeito estado e no local e na quantidade solicitada) é fundamental para que a percepção sobre o serviço seja positiva. Algumas empresas são conhecidas e bastante consideradas em virtude dessas características.

Ultimamente, têm-se verificado várias evoluções nos serviços de entrega de produtos comprados por meio de empresas virtuais, como maior precisão do horário da entrega e flexibilização do local da entrega em caso de contratos duradouros, como no caso dos jornais, que podem ser recebidos no trabalho durante a semana e em casa aos finais de semana.

Alguns supermercados que trabalham com *delivery* também têm sofisticado cada vez mais seus serviços, chegando ao detalhe de ter embalagens apropriadas para cada grupo de produtos, como caixas específicas para produtos de limpeza e sacolas térmicas para produtos refrigerados ou congelados.

Contato pessoal

Apesar de o canal principal de comunicação com os clientes nesse tipo de atividade ser a internet, muitos deles ainda se sentem mais seguros com o uso de um meio tradicional, quando disponível, para estabelecer uma relação comercial, para eventual contato com a finalidade de esclarecimento de dúvidas ou para reclamar de alguma coisa. Em geral, disponibiliza-se um telefone 0800 para isso. Em uma situação mais rara, também ajuda se a empresa tiver uma sede física, ou seja, um local onde o cliente possa ir para resolver suas questões.

Logística como serviço

A logística objetiva diminuir a lacuna entre a produção e a demanda, fornecendo bens e serviços quando, onde e na condição física que desejam os consumidores (BALLOU, 1993). O objetivo da logística é planejar e coordenar as atividades necessárias para alcançar níveis desejáveis de serviços e qualidade a custo mais baixo possível (CHRISTOPHER, 2001).

Dado o alto grau de nivelamento das tecnologias utilizadas na composição dos produtos e na sua fabricação, a sua diferenciação mercadológica dá-se, principalmente, em virtude do pacote de serviços atrelado a eles. Elementos como prazo de entrega, rede de assistência técnica, tempo de garantia etc. têm determinado a preferência do consumidor por determinado produto em detrimento de outros. E a logística pode contribuir significativamente com muitos desses itens, agregando valor ao produto, ou seja, tornando-o mais atrativo em relação aos demais. A logística, portanto, é um elemento que compõe o pacote de serviços de muitos produtos e, obviamente, por consequência, é um serviço também.

Para ilustrar de forma mais didática as características de serviço logístico, apresenta-se, a seguir, uma breve explanação sobre as dimensões da qualidade nesse tipo de atividade:

- tangibilidade: a logística transporta bens, porém suas atividades em si são intangíveis;
- atendimento: está relacionado ao nível de atenção dos funcionários no contato com o cliente. No caso da logística, está concentrada, principalmente, no ato da entrega;
- confiabilidade: competência para realizar o serviço da forma como foi prometido, ou seja, atendendo o prazo, a quantidade e preservando a integridade física do que foi transportado;
- resposta: disposição em ajudar o cliente, por exemplo, sendo mais flexível (trocando o local da entrega ou antecipando um pedido);
- competência: ter a habilidade e o conhecimento requerido para executar determinada atividade logística;

- consistência: mede a variabilidade entre o serviço especificado e o fornecido. Por exemplo, variações no horário de entrega em relação ao prometido;
- cortesia: respeito e prestabilidade na execução dos serviços;
- credibilidade: tradição em virtude de um histórico de bons serviços no passado;
- segurança: ausência de riscos ou perigos, tais como acidentes no transporte da carga;
- acesso: facilidade de contatar a empresa ou rastrear a carga;
- comunicação: utilizar uma linguagem acessível ao cliente e aos funcionários;
- conveniência: diversidade de horários de entrega de cargas ou variabilidade de modais (terrestre, aéreo, fluvial, ferroviário etc.);
- velocidade: rapidez para fazer o pedido, executar o transporte e entregar a carga;
- flexibilidade: capacidade de alterar características já acordadas com o cliente por sua solicitação;
- entendimento do cliente: envidar grande esforço para identificar as reais necessidades e requisitos do cliente.

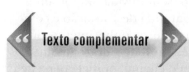

Texto complementar

Gestão da qualidade no setor de serviços

Quase todas as organizações, em maior ou menor grau, produzem ou fornecem um composto de bens e serviços que resultam em um "pacote" oferecido ao cliente. Empresas tipicamente industriais possuem serviços internos que vão dar suporte às funções de manufatura, como manutenção, serviços de alimentação coletiva e segurança industrial. Grande parte dos serviços internos tem sido terceirizada a fim de concentrar recursos no foco principal da organização. As indústrias também podem ter serviços externos que são oferecidos ao cliente final, tais como assistência técnica e distribuição física de produtos.

Pode-se dizer que qualidade em serviços tem principalmente a ver com pessoas. Instalações, processos internos e bens facilitadores também são importantes. A excelência é um todo. No entanto, o fator humano sobressai. Qualidade em serviços significa qualidade em gestão de pessoas. Empresas de serviços no Brasil ainda apresentam, em sua maioria, índices modestos de satisfação de clientes em relação ao serviço que prestam, e os índices de reclamação são grandes, especialmente os relativos a serviços públicos, de telecomunicações e bancários.

Administrar as operações de serviços pode agregar valor ao que o cliente realmente percebe deles. Não adianta ter uma boa equipe de profissionais se os processos são lentos e atrapalham a empresa em termos de velocidade, flexibilidade, custo e qualidade, que são instrumentos de vantagem competitiva. Os funcionários terão maior oportunidade de colocar seu talento em prática quando os processos internos são eficientes.

Ambientes de pouco reconhecimento ou que não apresentam boas condições de trabalho serão uma fonte pobre de motivação pessoal e de comprometimento com os objetivos da empresa. A responsabilidade dos profissionais de serviço, especialmente os de *front office*, é grande. Isso justifica que a empresa reconheça e demonstre que os valoriza. Isso pode ser feito por meio da gestão participativa, remuneração variável, oportunidades de ascensão profissional, programas de qualidade de vida no trabalho (QVT) etc. Assim como se deve ouvir o cliente em razão dos subsídios que uma reclamação pode dar ao gestor, os funcionários também devem ser ouvidos, pois suas críticas e sugestões podem ser excelentes oportunidades de melhoria do negócio.

Segurança, remuneração e benefícios são, sem dúvida, importantes, entretanto boa remuneração por si só não é garantia de satisfação e comprometimento, apesar de ser uma das formas de reconhecimento profissional. Estar encantado com o que se faz é, em longo prazo, até mais significativo para o funcionário e mesmo para o cliente, pois ele percebe quando está sendo atendido por alguém que gosta do que faz.

Fonte: Adaptado de FROTA, 2008.

Atividades

1. Tomando-se por base as atividades em um restaurante *por quilo*, classifique suas principais atividades entre linha de frente e de retaguarda.
2. Classifique o serviço e as atividades oferecidas por uma pequena empresa de lavagem de roupas, em serviços profissionais, loja de serviços ou serviço de massa, e justifique.
3. Analise a questão da inseparabilidade no serviço "consulta médica".

capítulo 4

Ferramentas da qualidade

As ferramentas da qualidade são importantes instrumentos para operacionalizar a teoria da qualidade. Elas permitem, de forma simples e direta, que se verifiquem, interpretem e solucionem problemas da qualidade das mais diversas ordens. Tratam-se de elementos largamente utilizados por empresas de todos os portes e tipos.

As ferramentas da qualidade têm os seguintes objetivos principais: facilitar a visualização e o entendimento dos problemas, sintetizar o conhecimento e as conclusões, desenvolver a criatividade das pessoas envolvidas, permitir o conhecimento do processo, fornecer elementos para seu monitoramento e permitir sua melhoria.

4.1 Ferramentas de suporte

Círculos de controle da qualidade (CCQ)

Os círculos de controle da qualidade, também conhecidos como times de melhoria ou times da qualidade, são pequenos grupos de funcionários, em geral de 5 a 10 profissionais, que se reúnem voluntariamente e de forma regular para monitorar, identificar, analisar e propor soluções para os problemas organizacionais (denominados projetos), principalmente aqueles relacionados à produção.

Cada setor fabril pode ter seu próprio grupo, que integra o grupo da divisão. A junção dos grupos das diversas divisões possibilita a composição do grupo da fábrica. Seus integrantes devem receber treinamento sobre a utilização das ferramentas da qualidade e serem constantemente conscientizados e motivados a desenvolver esse trabalho.

Contudo, o escopo de atuação dos círculos da qualidade pode, e deve, ir além da análise de questões relacionadas à qualidade, incluindo questões de produtividade, segurança do trabalho, meio ambiente, manutenção etc. A Figura 4.1 apresenta o funcionamento básico do CCQ em uma empresa de manufatura.

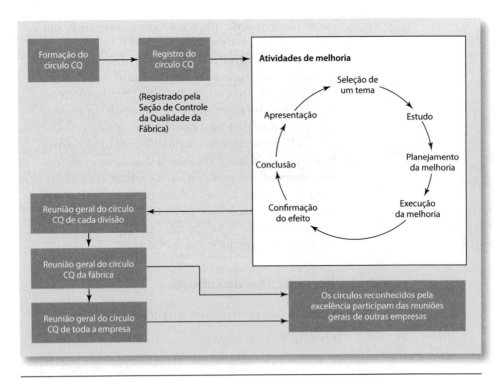

Figura 4.1 • Funcionamento de um CCQ.
Fonte: GAITHER; FRAZIER, 2001.

Brainstorming

O *brainstorming*, comumente conhecido no Brasil como "tempestade de ideias", é uma ferramenta destinada à geração de ideias/sugestões criativas para os problemas organizacionais. É um processo de grupo em que os indivíduos emitem ideias de forma livre, em grande quantidade, sem críticas e no menor espaço de tempo possível.

Com o *brainstorming* pretende-se liberar os membros da equipe de formalismos que inibem a criatividade e, portanto, reduzem as opções de soluções e meios para resolver problemas. Nele fomenta-se a diversidade de opiniões e ideias.

A sua execução deve ser monitorada continuamente de forma a melhorar sua *performance*. Os seguintes elementos devem ser verificados (WERKEMA, 1995): fluência (quantidade de ideias), flexibilidade (diferentes categorias e níveis de ideias), originalidade (ideias novas), percepção (rompimento dos limites, ou seja, ir além do óbvio) e impulsividade (tentar sem medo de errar).

Trata-se de uma ferramenta muito flexível, pois pode ser aplicada em variadas circunstâncias e com diferentes objetivos, tais como: desenvolvimento de produtos, implantação de sistemas, detalhamento de atividades, geração de solução para problemas pontuais etc. Seu sucesso depende muito do grau de liderança de quem o está conduzindo (OLIVEIRA, 1995).

Como principais resultados advindos de sua utilização ele encoraja o pensamento livre, envolve e entusiasma o grupo, evita domínio da equipe por poucos e permite que os membros do grupo aproveitem a criatividade uns dos outros, sem deixarem de se concentrar na tarefa comum (WERKEMA, 1995).

A equipe que vai participar das reuniões em que o *brainstorming* será utilizado deve ter sido devidamente treinada para essa ferramenta, de modo que se garanta maior eficácia dos resultados. Isso visa fazer que os participantes conheçam a dinâmica e estrutura de funcionamento da ferramenta. O treinamento não deve interferir na espontaneidade e grande volume de ideias; pelo contrário, deve potencializá-los.

Apresenta-se, a seguir, uma sugestão de roteiro para sua realização:

- Definir um coordenador, que deve ter considerável conhecimento do instrumento e ter participado de outras aplicações, de maneira a fomentar a geração de ideias, controlar o tempo de reunião e evitar desvios.
- Escolher um secretário, que deve anotar as ideias sem interpretá-las.

- Definir e delimitar muito bem o problema a ser analisado.
- Gerar grande quantidade de ideias (1ª fase).
- Eliminar, fundir e melhorar as ideias (2ª fase).
- Selecionar coletivamente a ideia principal.
- Avaliar a exequibilidade e o custo/benefício da ideia.
- Elaborar relatório com a proposta para apresentação às instâncias superiores.

Benchmarking

Benchmarking é um processo contínuo e sistemático para avaliar produtos, serviços e processos de trabalho de organizações que são reconhecidas como representantes das melhores práticas, com a finalidade de servir de referência para organizações menos avançadas (SPENDOLINI, 1994).

Para boa utilização do *benchmarking*, como todo processo, é preciso respeitar e atender alguns procedimentos preestabelecidos para que os objetivos sejam alcançados e se obtenha constante melhoria.

As empresas interessadas em adotar o *benchmarking* devem analisar os seguintes fatores: ramo, objetivo, amplitude, diferenças organizacionais e custos antes da definição ou aplicação do melhor método, pois cada empresa individualmente tem as suas necessidades que devem ser avaliadas antecipadamente à aplicação do processo.

Outra vantagem do *benchmarking* é a mudança do modo pelo qual uma organização enxerga a necessidade para melhoria. Um senso de competitividade surge na medida em que um grupo reconhece oportunidades de melhorias além de suas observações usuais e os seus membros tornam-se, portanto, motivados a se empenhar na busca da excelência, inovação e aplicação de pensamento inovador, de forma a conseguir sua própria melhoria de processo.

É necessário, portanto, que as empresas adotem a postura de quem deseja realmente aprender com os outros para que possam justificar o esforço investido no processo, pois essa busca das melhores práticas é um trabalho intensivo, consumidor de tempo e que requer disciplina (SORIO, 2009).

Trata-se de um atalho para a excelência, com a utilização do trabalho e conhecimento acumulado por outras organizações, evitando, com isso, os erros e armadilhas comuns.

5W1H (*what, who, when, where, why* e *how*)

Trata-se de uma ferramenta que auxilia na estruturação de planos de ação. A partir de questões-chave (O quê? Quem? Quando? Onde?

Por quê? Como?) procura-se fornecer as informações principais para que uma atividade seja executada.

É utilizada, normalmente, no final do processo de identificação, análise e geração de solução de problemas. Está associada à execução do que foi planejado, ou seja, especificando, o máximo possível, os elementos que deverão ser realizados.

Não há uma forma gráfica padrão para sua utilização, mas, em geral, utiliza-se uma tabela, que pode ser facilmente realizada no programa Excel, para sua estruturação, conforme pode ser visto na Tabela 4.1.

Tabela 4.1 Exemplo de planilha 5W1H

5W1H					
What (o quê?)	*Who* (quem?)	*When* (quando?)	*Where* (onde?)	*Why* (por quê?)	*How* (como?)
Lubrificar o torno 2	Técnico de manutenção	Sábado à tarde	Setor X	Ruído no mancal	Atendendo às especificações do fabricante

Algumas empresas acrescentam mais um H a esta ferramenta, que significa *how much* (quanto?), tornando-a 5W2H.

Poka yoke (*dispositivo antifalha*)

No Japão do início do século XX, Sakichi Toyoda deu início ao que pode ser considerado o primeiro dispositivo *poka yoke*: um mecanismo que, acoplado ao tear, era capaz de identificar o rompimento de um fio ou o alcance da quantidade desejada de tecido a ser produzida, paralisando a operação imediatamente. Essa singela invenção possibilitou que vários teares fossem operados por um único trabalhador, o que representou uma grande vantagem competitiva na época (CORREA; RIBAS; GHINATO, 2001).

O conceito de dispositivos capazes de "detectar uma anormalidade no processamento" foi, anos mais tarde, aplicado e difundido na Toyota Motor Company por Taiichi Ohno. Shigeo Shingo, consultor da Toyota durante muitos anos, encarregou-se de aprimorar esse conceito e disseminá-lo em indústrias do mundo inteiro.

Shingo (1986) classifica os dispositivos *poka yoke* conforme a Figura 4.2.

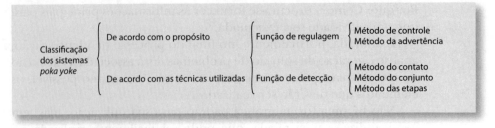

Figura 4.2 • Classificação dos sistemas *poka yoke*.
Fonte: CORREA; RIBAS; GHINATO (2001).

Uma breve explicação sobre eles se segue:

- Método do controle: para a linha ou a máquina de forma que a ação corretiva seja imediatamente implementada.
- Método da advertência: detecta a anormalidade e sinaliza a ocorrência por meio de sinais sonoros e/ou luminosos para atrair a atenção dos responsáveis.
- Método do contato: detecta a anormalidade na forma ou dimensão por meio de dispositivos que se mantêm em contato com o produto (gabaritos, leitores óticos etc.).
- Método do conjunto: utilizado em operações executadas em uma sequência de movimentos ou passos preestabelecidos, garantindo que nenhum dos passos seja negligenciado.
- Método das etapas: evita que o operador realize por engano uma etapa que não faz parte da operação. Isso é conseguido por meio da execução dos processos por meio de movimentos padronizados.

Um exemplo muito comum de *poka yoke* em empresas de manufatura são os dispositivos óticos de detecção de movimento. Equipamentos modernos que oferecem risco à integridade física do operador, como prensas e guilhotinas, em geral, contam com um elemento que verifica se não há movimento no interior deles com o objetivo de detectar a presença de alguma parte do corpo humano, de forma a evitar que a máquina seja acionada com as mãos do operador ainda lá.

Já em relação aos serviços, quando uma secretária de um médico liga para o paciente para confirmar a consulta, na véspera, está também utilizando um dispositivo *poka yoke* para evitar que ele esqueça e falte ao compromisso.

No dia a dia das pessoas também é possível verificar a utilização de vários dispositivos desse tipo. O fato de os equipamentos de informática (*mouses*, câmeras, caixas de som etc.) serem ligados ao computador por *plugs* com formatos distintos tem justamente o objetivo de evitar que um seja conectado erroneamente no lugar de outro, o que poderia danificá-los.

Outro exemplo pode ser observado nos caixas eletrônicos. Hoje em dia (mas nem sempre foi assim), você introduz e tira o cartão por um período curto de tempo para que seus dados sejam lidos pelo equipamento e, depois de informar seus demais dados sigilosos (senhas, códigos etc.), o dinheiro é entregue.

No passado, o cartão era inserido completamente no equipamento e ficava interno durante toda a transação e só era devolvido após o dinheiro ter sido entregue. Como a atenção do cliente estava concentrada no dinheiro, pois era por causa disso que ele tinha ido ao caixa eletrônico, era muito comum que ele se retirasse após a entrega do dinheiro e esquecesse o cartão no equipamento. Essa simples mudança na sequência e na forma de operação evita que esse erro aconteça.

4.2 Sete ferramentas básicas da qualidade

Estratificação

É uma ferramenta muito utilizada para identificar oportunidades de melhoria da qualidade em situações em que os dados vieram de fontes distintas, mas estão agrupados da mesma forma em um mesmo banco de dados.

Essa ferramenta permite visualmente separá-los de acordo com suas particularidades e, dessa forma, gera informações mais precisas que permitem a geração de soluções mais customizadas e eficazes para os problemas.

O número de acidentes do trabalho em determinada empresa pode, por exemplo, ser estratificado por setor, por tipo de acidente, por período etc. A Figura 4.3 apresenta um exemplo de um gráfico contendo informações estratificadas.

Folha de verificação

A folha ou lista de verificação ou *check-list* é utilizada, por exemplo, para colher dados com base em observações amostrais referentes aos itens com resultados indesejáveis, com o objetivo de se verificar com que frequência ocorre um evento ao longo de um período de tempo determinado. Ela inicia o processo de solução de problemas transformando "opiniões" em "fatos" (OLIVEIRA, 1995).

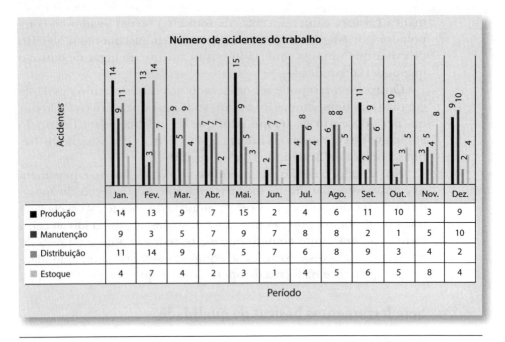

Figura 4.3 • Gráfico estratificado.

Na folha de verificação podem ser escolhidas informações dos eventos que estão acontecendo ou daqueles que já aconteceram. O tipo de folha de verificação a ser utilizado depende do objetivo da coleta de dados e deve ser construída após a definição das categorias para a estratificação de dados, que podem ter as mais variadas configurações, como tipos de defeitos, dimensões e características dos itens monitorados.

Embora a finalidade de verificação seja o acompanhamento de dados e não a sua análise, ela frequentemente indica qual é o problema.

Ela pode ser analisada horizontalmente, como ocorre normalmente, e também verticalmente, quando se deseja analisar o impacto do período de tempo considerado. A lista de verificação permite o registro do:

- número de vezes que alguma coisa acontece;
- tempo necessário para que alguma coisa seja feita;
- custo de determinada operação, ao longo de certo período de tempo;
- impacto de uma ação ao longo de dado período de tempo.

A Figura 4.4 apresenta um exemplo de folha de verificação.

Problema: XXXXXXXXXX Período: 1/Mar./00 a 31/Mar/00 Responsável: Sr. Y			
Tipo de defeito	**Frequência**	**Total**
Defeito 1	///// ///// ///// ///// /	21
Defeito 2	///// ///// ///// ///// ///// ///// /////	35
Defeito 3	///// ///// ///// //	17
Defeito 4	///// ///// ///// ///// ///// ////	29
Defeito 5	///	3
Defeito 6	/////	5
Total		110

Figura 4.4 • Folha de verificação.

Histograma

O histograma é uma ferramenta estatística em forma de gráfico de barras que apresenta a distribuição de um conjunto de dados.

Nas análises estatísticas não somente a quantidade dos dados tem importância. A forma como eles se distribuem pode contribuir, de maneira decisiva, na identificação da sua natureza e origem. Esses agrupamentos, denominados distribuição de frequência, têm o poder de mostrar, de forma resumida, o número de vezes (frequência) em que o valor da variável que está sendo medida ocorre em intervalos especificados (classe).

O histograma fornece uma fotografia da variável em determinado instante. Por meio dos histogramas podem-se fazer inferências a respeito da natureza do processo que os originou e de suas possíveis perdas. Em alguns casos, as características são muito evidentes, o que facilita as conclusões. No entanto, na maioria das vezes, não é tão simples assim, o que obriga a obtenção de informações adicionais para dar sustentação à análise.

De acordo com Oliveira (1995), as etapas para a construção do histograma são:

1. coletar os dados e ordená-los sequencialmente;
2. escolher o número de classes e determinar o tamanho da classe;
3. determinar os valores extremos para cada classe;
4. contar e registrar o número de elementos em cada classe;
5. construir o diagrama de barras.

Um exemplo genérico de um histograma, em que se está controlando o peso de determinado produto, pode ser visto na Figura 4.5.

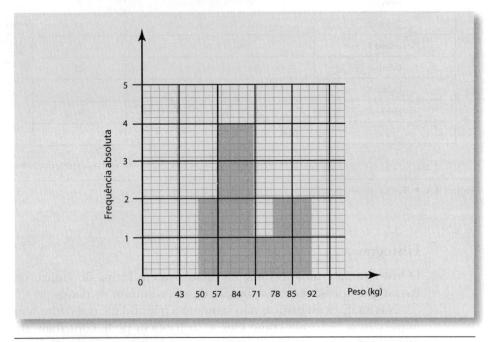

Figura 4.5 • Exemplo de histograma.

Os resultados da aplicação desta ferramenta, de acordo com o mesmo autor, são:

- exibe uma grande quantidade de dados difíceis de interpretar em forma de tabelas;
- mostra a frequência relativa da ocorrência de vários valores e dados;
- revela a tendência central, variação e forma dos dados;
- ilustra rapidamente a distribuição dos dados;
- fornece informações úteis para predizer o futuro desempenho do processo;
- ajuda a indicar se houve uma mudança no processo;

- ajuda a responder à pergunta: "o processo é capaz de satisfazer os requisitos dos clientes?".

Gráfico de Pareto

O gráfico de Pareto é também uma ferramenta estatística e gráfica. Ele permite a identificação e organização dos dados de acordo com algum aspecto mais interessante para análise, como a hierarquização decrescente da frequência, ou seja, dos acontecimentos mais frequentes aos menos frequentes.

No campo da gestão da qualidade, tem-se mostrado uma ferramenta importante na priorização de ações. Dessa forma, é possível resolver os problemas de modo eficiente, priorizando as causas que se mostram responsáveis pela maior parte das perdas. Na Figura 4.6 pode-se ver um exemplo de gráfico de Pareto para problemas com determinado equipamento.

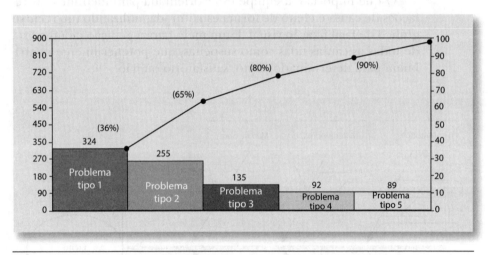

Figura 4.6 • Exemplo de gráfico de Pareto.

O gráfico de Pareto pode ser utilizado nas seguintes situações:

- definição de projetos de melhoria;
- identificação das principais fontes de custo;
- identificação das principais causas que afetam um processo;
- escolha do projeto de melhoria a ser desenvolvido na empresa, em razão do número de não conformidades geradas no processo produtivo;
- identificação da distribuição de recursos por projeto;

- identificação de áreas prioritárias para investimento (OLIVEIRA, 1995).

Diagrama de causa e efeito ou diagrama de Ishikawa

O diagrama de Ishikawa (também conhecido como diagrama de espinha-de-peixe ou diagrama de causa e efeito) é uma representação gráfica que permite a organização de informações por semelhança a partir de seis eixos principais que são chamados seis M (método, material, máquinas, meio ambiente, mão de obra e medição), possibilitando a identificação das possíveis causas de determinado problema ou efeito, de forma específica e direcionada.

A identificação das causas exige a realização de uma sequência de perguntas que evidenciem a ligação entre os fatos, retroagindo-se a partir do efeito estudado, da direita (cabeça do peixe) para a esquerda (espinhas), conforme Figura 4.7.

O que importa é a equipe estar orientada para identificar as relações de causa e efeito de forma estruturada, utilizando um recurso gráfico de fácil fixação visual. É um meio para a geração de uma lista de todas as causas tidas como suspeitas, que potencialmente contribuem para determinado efeito, satisfatório ou não.

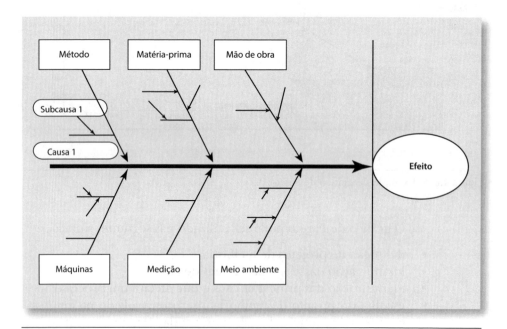

Figura 4.7 • Diagrama de Ishikawa.
Fonte: Adaptado de OLIVEIRA, 1995.

Pode-se utilizar a ferramenta *brainstorming* em conjunto com o diagrama de Ishikawa. Ela vai auxiliar consideravelmente na identificação das potenciais causas para o efeito estudado. Essas causas devem ser reduzidas por meio da eliminação das menos prováveis a partir de análise qualitativa e/ou da utilização de técnicas estatísticas apropriadas.

O diagrama de causa e efeito pode ser empregado, por exemplo, nas seguintes situações:

- aprimoramento do atendimento a clientes: identificação e análise das possíveis causas de insatisfação;
- avaliação das causas do atraso na entrega de produtos;
- análise de processo: identificação das principais fontes de variabilidade de um processo;
- análise de defeitos, falhas, perdas e desajustes do produto;
- estudo de melhorias;
- estruturação de decisões relativas a situações que devem ser mantidas ou eliminadas.

Como resultado, de acordo com Werkema (1995), a aplicação desta ferramenta:

- permite que um grupo se concentre no conteúdo do problema, não na sua história ou nos diferentes interesses pessoais dos membros do grupo;
- cria um quadro instantâneo do conhecimento e consenso coletivos do grupo sobre o problema;
- faz que o grupo se concentre nas causas, não nos sintomas.

Diagrama de dispersão

O diagrama de dispersão é uma ferramenta que permite identificar a relação entre duas variáveis por meio de uma representação gráfica de eixos ortogonais. Em um dos eixos devem-se marcar os valores referentes à variável independente (eixo horizontal) e no outro os valores referentes à variável pressupostamente dependente (eixo vertical).

Em geral, verificam-se os relacionamentos entre variáveis relativas a "problema × problema", "problema × causa" e "causa × causa".

As etapas para construção de um diagrama de dispersão são:

- seleção das variáveis;
- coleta dos dados em pares;
- construção do sistema de eixos cartesianos;
- plotagem dos pares;

- geração do gráfico e cálculo do coeficiente de correlação;
- interpretação e análise dos resultados.

O cálculo do coeficiente de correlação (r) é feito pela fórmula:

$$r = \frac{n \cdot \sum(X \cdot Y) - \sum X \cdot \sum Y}{\sqrt{n \cdot \sum X^2 - (\sum X)^2} \cdot \sqrt{n \cdot \sum Y^2 - (\sum Y)^2}}$$

onde X é a variável independente; Y é a variável dependente; e n é o número de pares.

A Figura 4.8 apresenta alguns exemplos de correlações.

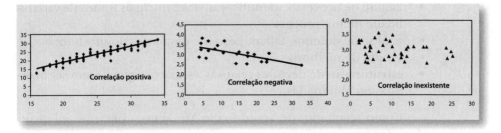

Figura 4.8 • Exemplos de correlações.

Rodrigues (2012) sugere os níveis de correlação para o valor de r constantes da Figura 4.9.

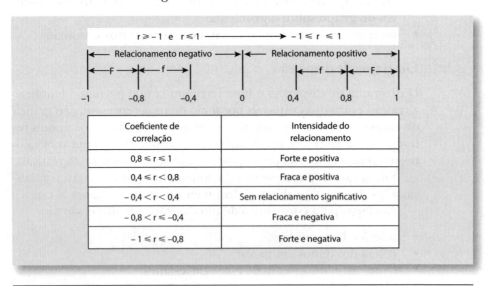

Figura 4.9 • Níveis de correlação.
Fonte: RODRIGUES, 2012.

Gráficos de controle

De acordo com Tonini e Oliveira (2007), qualquer processo apresenta algum tipo de variação, que pode ocorrer por diversas razões. As causas dessas variações podem ser divididas em dois grupos: especiais e comuns.

As causas especiais, que caracterizam um processo instável ou fora de controle, são provocadas por acontecimentos específicos e claramente identificáveis e que podem ser eliminados. Por essa razão, não permitem que se estabeleça um padrão ou distribuição de probabilidade normal e geram resultados totalmente discrepantes com relação aos valores esperados. Em geral, deslocam a média do processo.

Um processo instável é todo aquele em que não se tem controle devido à utilização incorreta dos equipamentos, erros dos operadores, uso de matérias-primas não adequadas etc.

Por outro lado, as causas comuns, que caracterizam um processo estável ou sob controle, são intrínsecas ao próprio processo e estão sempre presentes. Decorrem de situações aleatórias, em que as variáveis seguem uma distribuição normal e afetam todos os valores individuais dos elementos de um processo; são resultantes de diversas origens sem que nenhuma tenha predominância sobre a outra. Os valores individuais diferem entre si, mas, quando são agrupados, formam um padrão (curva normal). As causas comuns não podem ser reduzidas sem que sejam feitas mudanças ou melhorias no projeto do processo. Exemplos desses dois processos estão na Figura 4.10.

O uso da carta de controle, que é uma ferramenta do controle estatístico do processo (CEP), tem duplo objetivo: apontar o que está ocorrendo (efeito) e servir de base para busca dos motivos (causa) que levam a determinado comportamento. Na carta de controle, a linha central representa o valor médio das amostras, ou seja, a sua condição normal, e as ocorrências são apontadas ao longo do tempo, permitindo uma visão contínua do processo.

Os dados coletados dos processos permitem estabelecer os limites de controle, cuja finalidade é determinar as condições normais de execução dos processos. Um processo está sob controle ou estabilizado quando todas as medidas da sua execução refletem valores entre os limites de controle (limite superior de controle, LSC, e limite inferior de controle, LIC). A Figura 4.11 mostra um exemplo genérico de carta de controle.

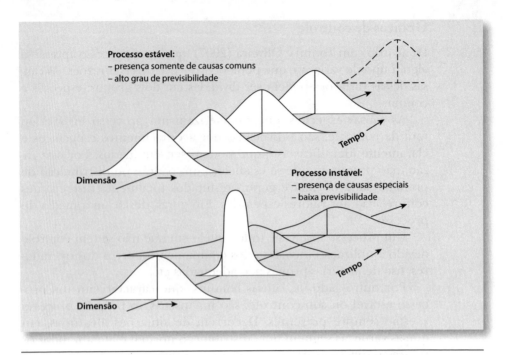

Figura 4.10 • Processo estável e processo instável.
Fonte: Adaptado de TONINI; OLIVEIRA, 2007.

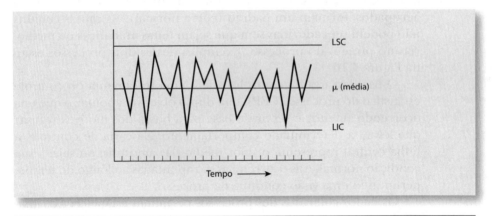

Figura 4.11 • Exemplo de carta de controle.

Carta para controle de variáveis

Para variáveis contínuas (pesos, dimensões etc.) é comum monitorar a média e a dispersão das medidas (variáveis) nos chamados "gráficos de controle por variáveis". Para isso costuma-se elaborar duas cartas de controle: uma para a média ($\overline{X}$) e outra para amplitude[1] (R), com ± 3σ, respectivamente, para o LSC e o LIC.

As fórmulas utilizadas para o cálculo desses limites são:
Para a carta da média:

$$\overline{\overline{x}} = \frac{\overline{x}_1 + \overline{x}_2 + \overline{x}_k}{k}$$

$$LSC = \overline{\overline{x}} + A_2 \overline{R} \qquad LIC = \overline{\overline{x}} - A_2 \overline{R}$$

onde: $\overline{\overline{x}}$ = média das médias das amostras

Para a carta da amplitude:

$$\overline{R} = \frac{R_1 + R_2 + \ldots R_k}{k}$$

$$LSC = D_4 \times \overline{R} \qquad LIC = D_3 \times \overline{R}$$

onde: $\overline{R}$ = média das amplitudes

Obs: Os fatores A_2, D_3 e D_4 variam com o tamanho da amostra. Ver tabela seguinte.

Tabela 4.2 Coeficientes

Tamanho da amostra *n*	A_2	D_3	D_4
2	1,880	0	3,267
3	1,023	0	2,275
4	0,728	0	2,282
5	0,577	0	2,115
6	0,483	0	2,004
7	0,419	0,076	1,924
8	0,373	0,136	1,864
9	0,337	0,184	1,816
10	0,308	0,223	1,777
12	0,266	0,284	1,716
14	0,235	0,329	1,671
16	0,212	0,364	1,636
18	0,194	0,392	1,608
20	0,180	0,414	1,586
22	0,167	0,434	1,566
24	0,157	0,452	1,548

[1] Diferença entre o maior e menor valor de um conjunto de dados.

Fonte: Adaptado de BRASSARD, 1992.

Como exemplo bastante simples de aplicação da carta de controle considere a Tabela 4.3, que mede o deslocamento de uma pessoa para o trabalho durante 10 semanas (BRASSARD, 1992).

Tabela 4.3 Deslocamento para o trabalho

Carta controle
Exemplo do cotidiano
Percurso residência – escritório (min.) – Manhã

Etapa 1

Semana

1	2	3	4	5	6	7	8	9	10
55	90	100	70	55	75	120	65	70	100
75	95	75	110	65	85	110	65	85	80
65	60	75	65	95	65	65	90	60	65
80	60	65	60	70	65	85	90	65	60
80	55	65	60	70	65	70	60	75	80
X = 71	72	76	73	71	71	90	74	71	77
R = 25	40	35	50	40	20	55	30	25	40

Fonte: BRASSARD, 1992.

Na Tabela 4.3 já foram calculadas a média e a amplitude de cada semana. A partir desses dados, têm-se que a média das médias ou a média geral foi $\overline{\overline{X}}$ = 74,6 e a média da amplitude R = 36,0, sendo o número de amostras por semana n = 5.

Portanto, pela tabela de coeficientes, têm-se: A_2 = 0,577; D_3 = 0, e D_4 = 2,115.

Logo, para a carta das médias, LSC = 74,6 + 0,577 × 36 = **95,48**; para LIC = 74,6 − 0,577 × 36 = **53,72**.

E, para a carta das amplitudes, LSC = 2,115 × 36 = **74,90** e LIC = 0 × 36 = **0**.

A carta das médias fica conforme Figura 4.12.

Ferramentas da qualidade • 75

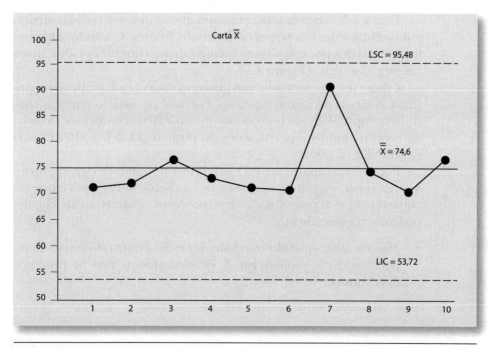

Figura 4.12 • Carta das médias.
Fonte: BRASSARD, 1992.

E a carta das amplitudes fica conforme Figura 4.13.

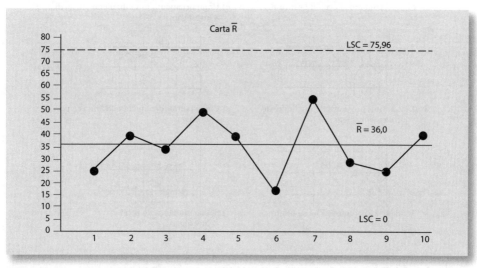

Figura 4.13 • Carta das amplitudes.
Fonte: BRASSARD, 1992.

Estará sob controle o processo em que as duas cartas (das médias e das amplitudes) estiverem dentro dos limites. Contudo, algumas tendências dos pontos, mesmo quando dentro dos limites, devem ser investigadas. Veja a Figura 4.14.

Conforme já salientado, um processo estável (sob controle) significa a ausência de causas especiais. Porém é necessário também controlar a capacidade de o processo produzir itens conformes, ou seja, de acordo com as especificações de projeto (COSTA; EPPRECHT; CARPINETTI, 2004).

Portanto, a capacidade é a medida da variabilidade de um processo estável em relação às especificações de projeto. Para isso é preciso consistência e repetibilidade. Um processo, quanto à capacidade, pode ser classificado em:

- *processo capaz*: quando os resultados estão dentro do intervalo especificado em projeto, isto é, estatisticamente não há produtos defeituosos;

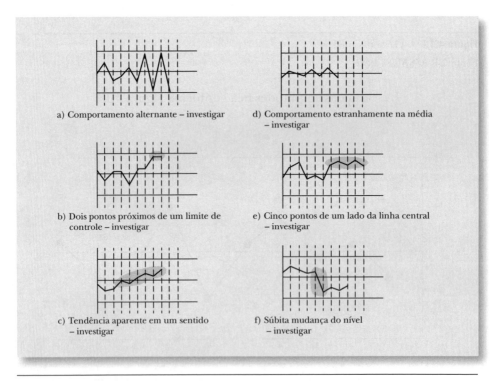

Figura 4.14 • Tendência dos pontos das cartas de controle.
Fonte: Adaptado de SLACK; CHAMBERS; JOHNSTON, 2009.

- *processo incapaz*: quando os resultados estão fora do intervalo especificado em projeto, isto é, estatisticamente há indicações de que estão sendo produzidos produtos defeituosos.

Logicamente, não faz sentido avaliar a capacidade de processos que estão fora de controle estatístico, ou seja, somente deve ser avaliada a capacidade daqueles que possuem apenas problemas provenientes de causas comuns.

Uma medida simples de capacidade (capabilidade), ou aceitabilidade da variação, de um processo (C_p) é dada pela razão entre a faixa de especificação e a variação natural do processo (± desvios padrão):

$$C_p = \frac{LSE - LIE}{6}$$

onde:

LSE é o limite superior de especificação do produto ou processo, que também pode ser LST, limite superior de tolerância.

LSI é o limite inferior de especificação do produto ou processo, que também pode ser LIT, limite inferior de tolerância.

Se $C_p > 1$, o processo é capaz, e se $C_p < 1$, o processo não é capaz. Na Figura 4.15 podem-se ver alguns exemplos.

No entanto, a simples medida de C_p pressupõe que a média da variação do processo está no ponto médio da faixa de especificação. Mas é muito comum que a média do processo esteja deslocada em relação à faixa de especificação. Neste caso é necessário calcular um índice de capacidade unilateral (Cpk) para interpretar melhor a capacidade do processo, que pode ser a partir da seguinte fórmula (SLACK; CHAMBERS; JOHNSTON, 2009):

$$\text{Índice unilateral superior } I_{us} = (LST - X)/3\sigma$$

$$\text{Índice unilateral inferior } I_{ui} = (X - LIT)/3\sigma$$

onde:

X = média do processo.

Algumas vezes só o mais baixo dos dois índices laterais é utilizado para indicar a capacidade do processo (C_{pk}), logo $C_{pk} = \min(I_{us}, I_{ui})$.

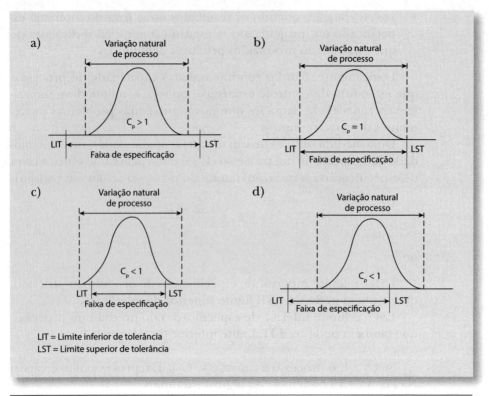

Figura 4.15 • Variação natural do processo × faixa de especificação.
Fonte: SLACK; CHAMBERS; JOHNSTON, 2009.

Carta para controle de atributos

Atributos têm, em geral, dois estados: ruim ou bom, certo ou errado, conforme ou não conforme etc. Nesses casos, o que importa é a proporção de errados (p) em uma amostra, que deve seguir a distribuição binomial. Para isso são utilizados os *gráficos-p* (SLACK; CHAMBERS; JOHNSTON, 2009).

As fórmulas que auxiliam na solução de problemas desse tipo são:

$$p = \frac{p^1 + p^2 + p^3 \ldots p^n}{m}$$

O desvio padrão pode então ser estimado como:

$$\sqrt{\frac{\bar{p}(1-\bar{p})}{n}}$$

Os limites de controle superior e inferior podem então ser estabelecidos como:

$$LSC = \bar{p} + 3 \text{ desvios padrão}$$
$$LIC = \bar{p} - 3 \text{ desvios padrão}$$

O LIC não pode ser negativo, mas quando der esse resultado deverá ser considerado igual a zero.

4.3 Ferramentas avançadas da qualidade

A busca por excelência deve ser uma constante para empresas que desejam se manterem competitivas em um mercado tão turbulento. As ferramentas avançadas da qualidade, em geral, são utilizadas por empresas que já estão em um estágio desenvolvido na gestão da qualidade. São elas: SERVQUAL, FMEA e QFD.

SERVQUAL

No contexto socioeconômico atual, o setor de serviços vem ganhando cada vez mais importância, evidenciando a necessidade de conhecer e estudar as particularidades de suas operações, instituindo metodologias específicas de gestão adequadas a seu contexto e especificidade. Mas é preciso entender que os processos de serviço são diferentes dos processos de manufatura, principalmente pelo seu caráter intangível e pela participação direta dos clientes.

Com o intuito de fidelizar seus clientes, as empresas têm envidado grandes esforços para atender as necessidades e exceder as expectativas deles. A escala SERVQUAL é uma das ferramentas que podem auxiliar nesse sentido.

SERVQUAL, de acordo com Oliver (apud SALOMI; MIGUEL, 2005), é o método que avalia a satisfação do cliente em função da diferença entre a expectativa e o desempenho obtido. Conforme Zeithaml, Parasuraman e Berry (1990), SERVQUAL é universal e pode ser aplicado em qualquer organização de serviços para avaliar a qualidade dos serviços prestados.

A escala (questionário) SERVQUAL possui duas seções: uma destinada ao mapeamento das expectativas do cliente em relação a um segmento de serviço e outra destinada ao mapeamento da percepção em relação a determinada empresa de serviço.

A escala SERVQUAL original utiliza 22 questões para mensurar as cinco dimensões de qualidade de serviços: confiabilidade, tangibilidade, segurança, empatia e responsabilidade. Na Tabela 4.4 é apresentada a versão original do questionário.

Tabela 4.4 Versão original da escala SERVQUAL

Item		Expectativa (E)	Desempenho (D)
1	Tangibilidade	Eles deveriam ter equipamentos modernos.	XYZ tem equipamentos modernos.
2		As suas instalações físicas deveriam ser visualmente atrativas.	As instalações físicas de XYZ são visualmente atrativas.
3		Os seus empregados deveriam estar bem vestidos e asseados.	Os empregados de XYZ são bem vestidos e asseados.
4		As aparências das instalações das empresas deveriam estar conservadas de acordo com o serviço oferecido.	A aparência das instalações físicas de XYZ é conservada de acordo com o serviço oferecido.
5	Confiabilidade	Quando estas empresas prometem fazer algo em certo tempo, deveriam fazê-lo.	Quando XYZ promete fazer algo em certo tempo, realmente o faz.
6		Quando os clientes têm algum problema com essas empresas, elas deveriam ser solidárias e deixá-los seguros.	Quando você tem algum problema com a empresa XYZ, ela é solidária e o deixa seguro.
7		Essas empresas deveriam ser de confiança.	XYZ é de confiança.
8		Elas deveriam fornecer o serviço no tempo prometido.	XYZ fornece o serviço no tempo prometido.
9		Elas deveriam manter seus registros de forma correta.	XYZ mantém seus registros de forma correta.
10	Presteza	Não seria de se esperar que eles informassem aos clientes exatamente quando os serviços fossem executados.	XYZ informa exatamente quando os serviços serão executados.
11		Não é razoável esperar por uma disponibilidade imediata dos empregados das empresas.	Você recebe serviços imediatos dos empregados da XYZ.
12		Os empregados das empresas não têm de estar sempre disponíveis em ajudar os clientes.	Os empregados da XYZ estão sempre dispostos a ajudar os clientes.
13		É normal que eles estejam muito ocupados em responder prontamente aos pedidos.	Empregados da XYZ estão sempre ocupados em responder aos pedidos dos clientes.

(*Continua*)

(*Continuação*)

Item		Expectativa (E)	Desempenho (D)
14	Segurança	Clientes deveriam ser capazes de acreditar nos empregados dessa empresa.	Você pode acreditar nos empregados da XYZ.
15		Clientes deveriam ser capazes de se sentirem seguros durante a negociação com os empregados da empresa.	Você se sente seguro ao negociar com os empregados da XYZ.
16		Seus empregados deveriam ser educados.	Empregados da XYZ são educados.
17		Seus empregados deveriam obter suporte adequado da empresa para cumprir suas tarefas corretamente.	Os empregados da XYZ obtêm suporte adequado da empresa para cumprir suas tarefas corretamente.
18	Empatia	É de se esperar que as empresas dessem atenção individual aos clientes.	XYZ dá atenção individual a você.
19		Pode esperar que os empregados deem atenção personalizada aos clientes.	Os empregados da XYZ dão atenção pessoal.
20		Os empregados sabem quais são as necessidades dos clientes.	Os empregados da XYZ sabem das suas necessidades.
21		É absurdo esperar que essas empresas tenham os melhores interesses de seus clientes como objetivo.	XYZ tem os seus melhores interesses como objetivo.
22		Não se deveria esperar que o horário de funcionamento fosse conveniente para todos os clientes.	XYZ tem os horários de funcionamento convenientes a todos os clientes.

Fonte: Adaptado de OLIVEIRA, 2008.

Essas questões devem ser avaliadas em uma escala Likert de 1 a 7. Nela os extremos são marcados como "concordo totalmente" (excelente) e "discordo totalmente" (medíocre), conforme a Tabela 4.5.

Tabela 4.5 Escala Likert de respostas para o SERVQUAL

7	6	5	4	3	2	1
Excelente	Muito bom	Bom	Satisfatório	Pouco satisfatório	Fraco	Medíocre

Os resultados das duas seções (percepções e expectativas) são comparados para se chegar a um parâmetro (*gap*) para cada uma das questões, ou seja, a pontuação final é gerada pela diferença entre elas.

> Parâmetro = Percepção – Expectativa

Um resultado negativo indica que as percepções estão abaixo das expectativas, mostrando quais falhas do serviço geram resultado insatisfatório para o cliente. Uma pontuação positiva indica que o prestador de serviço está oferecendo um serviço superior ao esperado.

FMEA (*failure mode and effect analysis*, ou análise do modo e efeito de falha)

A metodologia de análise do tipo e efeito de falha (FMEA), do inglês *failure mode and effect analysis*, é uma ferramenta que procura evitar, por meio da análise das falhas potenciais e propostas de ações de melhoria, a ocorrência de erros no projeto do produto e do processo (CAPALDO; GUERRERO; ROZENFELD, 2009).

Em termos mais pragmáticos, seu objetivo é identificar, definir, priorizar e reduzir os potenciais de falhas o mais cedo possível, diminuindo as chances de sua ocorrência tanto nos clientes internos como externos.

Ainda que tenha sido desenvolvida com um olhar para o projeto de novos produtos e processos, a metodologia FMEA, pela sua grande utilidade, passou a ser utilizada de diversas maneiras. Atualmente é utilizada para reduzir as falhas de produtos e processos existentes e para diminuir a probabilidade de falha em processos administrativos. Tem sido empregada também em aplicações específicas, tais como análises de fontes de risco na segurança do trabalho e na indústria de alimentos.

Essa metodologia pode ser aplicada tanto no desenvolvimento do projeto do produto como no projeto do processo. As etapas e o modo de realização da análise são os mesmos, diferenciando-se somente quanto ao objetivo. Assim, as análises FMEA podem ser divididas em dois tipos principais (CAPALDO; GUERRERO; ROZENFELD, 2009):

- FMEA de produto: em que são consideradas as falhas que poderão ocorrer com o produto dentro das especificações do projeto. O seu objetivo é evitar falhas no produto ou no processo decorrentes do projeto. É normalmente denominada também de FMEA de projeto;

- FMEA de processo: nele são consideradas as falhas no planejamento e execução do processo, isto é, o objetivo dessa análise é evitar problemas do processo, tomando-se como base as não conformidades do produto com as especificações do projeto.

É possível aplicar a análise FMEA nas seguintes situações (CAPALDO; GUERRERO; ROZENFELD, 2009):

- para diminuir a probabilidade da ocorrência de falhas em projetos de novos produtos ou processos;
- para diminuir a probabilidade de falhas potenciais (que ainda não tenham ocorrido) em produtos/processos já em operação;
- para aumentar a confiabilidade de produtos ou processos já em operação por meio da análise das falhas que já ocorreram;
- para diminuir os riscos de erros e aumentar a qualidade em procedimentos administrativos.

Sua operacionalização geralmente se dá por meio de um quadro, que pode ser elaborado e mantido, por exemplo, pelo *software* Excel, em que seus elementos principais são discriminados. O Quadro 4.1 apresenta os elementos essenciais desta ferramenta.

Os esclarecimentos sobre seus principais elementos se seguem:

1. componente que está sob análise. Exemplo: mangueira do radiador de um automóvel;
2. é a maneira como o referido componente pode falhar. Exemplo: rompimento, desconexão, vazamento etc.;
3. são os potenciais efeitos provenientes dessas falhas. Exemplos: para o vazamento seria procurar uma oficina; já para o rompimento seria a "parada" imediata do veículo e sua remoção por guincho;
4. tem como objetivo identificar as possíveis causas para esses modos de falhas. Exemplo: torque da braçadeira insuficiente ou material da mangueira não apropriado à temperatura máxima de trabalho (problemas de projeto) e não atendimento de alguma dessas especificações durante a execução (problema no processo);
5. esclarece quais os controles previstos para detecção e para que se evite sua ocorrência. Exemplos: inspeções, controle estatístico do processo (CEP), *poka yokes* etc.;
6. índice de severidade 1 para efeitos ou perdas insignificantes para o cliente, e 10 para quando o produto ou processo se torna inoperante;
7. para *cada* causa definida no campo 4 será atribuído um índice de sua probabilidade de ocorrência (frequência), em que 1 é utilizado

para menor probabilidade de ocorrência (rara) e 10 para probabilidade próxima à certeza de ocorrência;
8. utiliza-se 1 para casos em que a detecção da falha é praticamente certa antes da sua ocorrência e 10 para o caso em que sua detecção é impossível;
9. é a multiplicação dos três índices anteriores. Tem a função de priorizar as ações de correção e prevenção. Pode-se gerar um gráfico de Pareto[2] em função desses índices para facilitar os trabalhos;
10, 11, 12 e 13 – são elementos dos planos de ação para correção das causas de maior índice de risco;
14, 15, 16 e 17 – após a execução do plano de ação, os índices são novamente calculados e as prioridades reorganizadas em função desses novos valores.

QFD (*quality function deployment*, ou desdobramento da função qualidade)

O QFD parte das necessidades do consumidor, e estas serão convertidas em parâmetros técnicos. Por exemplo, se ele exige biscoitos bem tostados, isso será convertido em parâmetros de temperatura do forno e tempo de cozimento (BAXTER, 2000).

O desdobramento da função qualidade é uma ferramenta de planejamento do tipo matricial, capaz de integrar os requisitos dos clientes às características de projetos, as quais, por sua vez, se tornam requisitos de produção (BROCKA; BROCKA, 1994).

De acordo com Cheng (1995), o desdobramento da qualidade busca traduzir e transmitir as exigências dos clientes em forma de características da qualidade do produto; a partir de desdobramentos que se iniciam com a determinação da voz do cliente, têm continuidade com o estabelecimento das funções, mecanismos, componentes, processos, matéria-prima, e terminam com a definição dos valores dos parâmetros de controle de processo.

De forma prática, o QFD consiste em desenvolver a qualidade de projeto de um produto, de forma integrada com a qualidade de seu processo de produção, ambas em função dos desejos e aspirações dos clientes (FROTA, 1998). A Figura 4.16 mostra as atividades básicas do QFD.

---

[2] Representação gráfica que ordena a frequência de ocorrências de certa circunstância, de forma decrescente.

Quadro 4.1 – Folha de registro do FMEA

Folha de Registro do FMEA – Análise do modo e efeito de falhas

Título: _____ Projeto _____ Processo _____ Data _____ Área _____

Respons.: _____

Escopo	Análise da situação atual			Atual			Plano de ação				Melhorado		
Componente/ Sistema	Modo de falha	Efeito do modo de falha	Causa do modo de falha	Controle previsto	Severidade	Frequência	Detecção	Risco	Ação corretiva	Responsável	Data prevista	Data realizada	Severidade	Frequência	Detecção	Risco
1	2	3	4	5	6	7	8	9	10	11	12	13	14	15	16	17

Fonte: OLIVEIRA, 2008.

Figura 4.16 • Sequência de atividades básicas do QFD.

Conforme Cheng (1995), três são os princípios que fundamentam o QFD: o princípio da subdivisão e unificação, o princípio da pluralidade e visibilidade e o princípio da totalização e parcelamento. Esses princípios são explicados a seguir:

- *princípio da subdivisão e unificação*: refere-se aos desdobramentos dos objetos de análise da metodologia, qualidade e trabalho, de forma cada vez mais detalhada. A unificação é a necessidade de reunir as ideias detalhadas em grupos hierarquizados;
- *princípio da pluralidade e visibilidade*: considera a diversidade de ideias e pontos de vista proporcionados por meio do trabalho interfuncional desenvolvido nas atividades do QFD. Tem grande potencial de acerto no planejamento da qualidade e eliminação de deficiências devido à análise das questões sobre as diversas perspectivas das partes interessadas (áreas funcionais da empresa e dos clientes). Já a visibilidade está presente por meio da utilização de métodos visuais, como tabelas e matrizes, para explicar todas as relações existentes entre as variáveis que envolvem o desenvolvimento do produto;
- *princípio da totalização e parcelamento:* esse princípio visa fazer que a equipe tenha, de forma simultânea, a visão do todo e a visão específica durante o decorrer do trabalho de desenvolvimento do produto. Busca mostrar como cada parte influencia e é influenciada pelo todo.

Álvaro Frota (1998) apresenta algumas vantagens da utilização do QFD:

- redução do tempo de lançamento de novos produtos;
- redução do número de alterações de engenharia após o lançamento;
- aumento da qualidade e da confiabilidade dos produtos;
- redução de custos de produção e de controle de qualidade;
- aumento da satisfação dos clientes, da participação no mercado e da lucratividade.

Nas aplicações de planejamento do produto, podem-se considerar quatro estágios:

1. desenvolve-se uma matriz (casa da qualidade) para converter as características desejadas pelos consumidores em atributos técnicos dos produtos;
2. os produtos existentes no mercado são analisados e ordenados quanto à satisfação dos consumidores e desempenho técnico;
3. fixam-se metas quantitativas para cada atributo técnico do produto;
4. essas metas são priorizadas, visando orientar os esforços do projeto (BAXTER, 2000).

Slack, Chambers e Johnston (2009) didaticamente apresentam um exemplo da aplicação do QFD para uma porta de automóvel, conforme Figura 4.18.

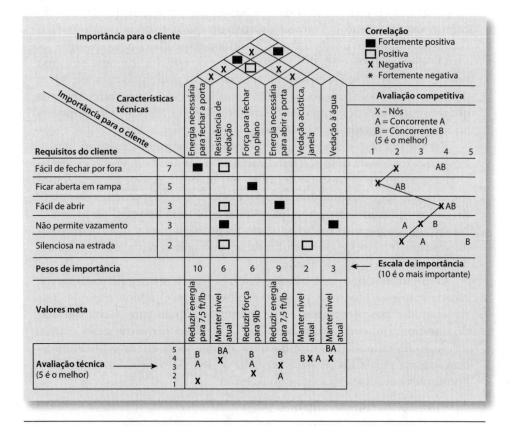

Figura 4.17 • Exemplo de aplicação do QFD.
Fonte: SLACK; CHAMBERS; JOHNSTON, 2009.

Texto complementar

Um estudo sobre a utilização de sistemas, programas e ferramentas da qualidade em empresas do interior de São Paulo.

De acordo com o Instituto Nacional de Metrologia, Normalização e Qualidade Industrial (Inmetro, 2009), o Brasil possuía 8.731 certificações ISO 9001 válidas, sendo 4.034 delas de unidades empresariais do Estado de São Paulo, em que 1.027 são da cidade de São Paulo e 3.007 do restante do Estado. O interior possui 866 empresas com a certificação ISO 9001, já descontados a grande São Paulo e o litoral.

Pelo exposto, as questões de pesquisa que nortearam o desenvolvimento deste trabalho foram as seguintes: a certificação ISO 9001 efetivamente gera os benefícios elencados na literatura e fomenta a utilização de programas e ferramentas da qualidade nas empresas do interior do Estado de São Paulo? Trata-se de instrumentos fundamentais para a competitividade ou ainda trata-se de uma perspectiva para o futuro?

O objetivo deste trabalho foi apresentar o resultado de uma pesquisa tipo *survey* em que se verificaram e analisaram as principais características do processo de certificação ISO 9001, seus benefícios, suas dificuldades e quais programas e ferramentas da qualidade são utilizados em empresas do interior do Estado de São Paulo.

Para a realização da presente pesquisa utilizou-se o método *survey*. Primeiro, foi feita a definição/delimitação do tema, bem como estabelecida a questão de pesquisa e definido seu objetivo. Após isso, realizou-se uma revisão teórica, quando então foi elaborado o instrumento de coleta de dados (questionário), que foi testado com uma empresa da amostra. Na sequência, o questionário ajustado foi enviado para todas as empresas da amostra (empresas certificadas de acordo com a norma ISO 9001 do interior do Estado de São Paulo).

O questionário foi estruturado em três seções principais: caracterização da empresa, bloco de questões relativas ao SGQ e bloco de questões relacionadas aos programas e ferramentas da qualidade. Cada questão do questionário, excetuando aquelas referentes à primeira seção (caracterização da empresa), continha uma afirmativa com cinco alternativas baseadas na escala Likert para verificar o grau de concordância dos respondentes em relação a ela, as quais eram:

a) discordo completamente;
b) discordo parcialmente;

c) não concordo nem discordo;
d) concordo parcialmente;
e) concordo completamente.

Para permitir a tabulação e análise dos dados, a essas alternativas foram associados escores que variaram de 1,0 a 5,0, sendo 1,0 para a alternativa "discordo completamente" e 5,0 para a "concordo completamente". Logo, respostas com valores situados entre 1,0 e 3,0 discordavam da afirmativa posta, respostas com valor 3,0 não concordavam nem discordavam da afirmativa e valores acima de 3,0 concordavam com a afirmativa.

O questionário foi enviado a 866 organizações do interior do Estado de São Paulo que, conforme o Inmetro, possuíam a certificação ISO 9001 em 2009. Obteve-se um retorno de 236 delas, o que corresponde a uma taxa de resposta de 27,25%.

A Tabela 4.6 apresenta a distribuição das empresas estudadas em função do seu porte.

Tabela 4.6   Porte das empresas respondentes.

Porte	Frequência	
Pequeno	37 empresas	15,67
Médio	63 empresas	26,70
Grande	136 empresas	57,63

Em relação aos principais programas e ferramentas da qualidade utilizados pelas empresas estudadas (Figura 4.19), é possível classificá-los em três grupos: os mais utilizados (diagrama de Ishikawa, programa 5S, PDCA, *brainstorming* e gráfico de Pareto), os medianamente utilizados (CEP, 5W1H, *check-list*, FMEA, histograma e *benchmarking*) e os menos utilizados (seis sigma, Servqual, QFD, *setup* rápido e *poka yoke*).

Os instrumentos mais utilizados são, em grande medida, os mais simples e considerados estruturantes, ou seja, aqueles que vão criar o "alicerce" para a evolução do SGQ e para a adoção de programas e ferramentas mais complexos.

Alguns dos instrumentos classificados no grupo dos medianamente utilizados causam certa estranheza, pois, de acordo com a literatura científica e seu baixo grau de complexidade, poderiam estar tranquilamente no grupo dos mais utilizados. São eles: 5W1H, *check-list*, histograma e *benchmarking*. Talvez os respondentes utilizem alguma forma adaptada deles ou mesmo não conheçam a nomenclatura utilizada nesta pesquisa. Mas o fato é que não é possível afirmar isso com as informações disponíveis.

O terceiro grupo é nitidamente composto por elementos com maior grau de complexidade e exige maior maturidade em termos de gestão das organizações para serem utilizados, apesar do alto retorno em termos de resultado que possam gerar.

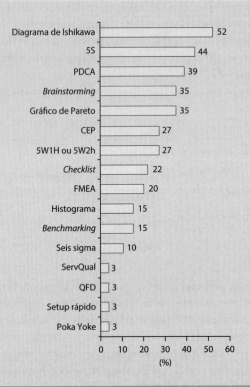

Figura 4.18 • Utilização de ferramentas da qualidade.
Fonte: Adaptado de OLIVEIRA et al., 2011.

Atividades

1. Com base nas ferramentas da qualidade apresentadas, sugira uma sequência de uso delas para classificar defeitos, identificar suas causas, sugerir soluções e planejar a execução/desenvolvimento da ação de melhoria.

2. Utilizando o diagrama de Ishikawa, faça uma simulação para identificar as principais causas para o seguinte problema: máquina copiadora borrando o papel.

3. Os automóveis modernos, mesmo no Brasil, já apresentam uma série de *poka yokes*. Faça uma reflexão sobre quais dos elementos, equipamentos ou sistemas disponíveis nesses carros podem ser considerados *poka yokes* e descreva-os sucintamente. *Websites* de montadoras e revendedoras de automóveis podem ser consultados para auxiliar esta atividade.

capítulo 5

Sistema de gestão da qualidade ISO 9000

A gestão da qualidade é composta por muitos princípios, filosofias e ferramentas e, em geral, os gestores acabam se perdendo no momento de seu desenvolvimento e implantação em meio a tantas possibilidades.

A família de normas ISO 9000 foi criada na tentativa de guiar, simplificar e estimular o desenvolvimento dos sistemas de gestão da qualidade. As normas ISO 9000 são um conjunto de elementos compostos por orientações e requisitos que, se bem desenvolvidos, proporcionam qualidade de projetos, processos, produtos e serviços e, consequentemente, aumentam a competitividade das empresas.

Contudo, vale ressaltar que essas normas não contemplam a totalidade da teoria da qualidade, muito pelo contrário, elas são uma simplificação e sistematização bastante pragmática dos elementos essenciais dessa teoria visando facilitar e motivar empresários, gestores e funcionários na árdua tarefa de tornarem suas organizações mais organizadas e competitivas com base na gestão da qualidade. A experiência tem mostrado que elas são um excelente início para essas questões e põem as empresas em um bom rumo na direção da qualidade total, mas as empresas que pararem nelas perderão inúmeras possibilidades de melhorar ainda mais.

5.1 Normalização e avaliação de conformidade

A normalização é a atividade que estabelece, em relação a situações existentes ou potenciais, recomendações destinadas à utilização comum e repetitiva com objetivo de obtenção do grau ótimo em um dado contexto.

Os objetivos da normalização, de acordo com a Associação Brasileira de Normas Técnicas (ABNT, 2009), são:

- *economia*: possibilitar a redução da variedade de produtos e procedimentos;
- *comunicação*: possibilitar o surgimento de meios mais eficientes na troca de informação entre o fabricante e o cliente, melhorando a confiabilidade das relações comerciais e de serviços, segurança, proteção ao consumidor e redução de barreiras técnicas e comerciais;
- *segurança*: zelar pela vida humana e a saúde;
- *proteção ao consumidor*: proteger a sociedade a partir de meios eficazes para aferir a qualidade dos produtos;
- *eliminação de barreiras técnicas e comerciais*: reduzir a existência de regulamentos conflitantes sobre produtos e serviços em distintos países, facilitando o intercâmbio comercial.

Na prática, a normalização está presente em diversas atividades, como na fabricação dos produtos, transferência de tecnologia, aumento da qualidade de vida por meio de normas relativas à saúde, à segurança e à preservação do meio ambiente.

O objetivo da avaliação de conformidade, de acordo com o Instituto Nacional de Metrologia, Normalização e Qualidade Industrial (INMETRO, 2009), é informar e proteger a saúde do consumidor, zelar pela sua segurança e pelo meio ambiente; propiciando a concorrência justa; estimulando a melhoria contínua da qualidade; facilitando o comércio internacional e fortalecendo o mercado.

Trata-se de um processo sistematizado, monitorado e avaliado, visando propiciar adequado grau de confiança de que um produto, processo ou serviço, ou ainda um profissional, atende a requisitos preestabelecidos em normas e regulamentos técnicos com o menor custo para a sociedade. Os principais mecanismos de avaliação da conformidade são: certificação, declaração do fornecedor, etiquetagem, inspeção e ensaios.

A execução da avaliação da conformidade é altamente dependente do grau de normalização do setor ou atividade que está sendo monitorada. Não é possível se avaliar algo sem um padrão preestabelecido.

Alguns dos elementos mais importantes nessa área são apresentados a seguir.

Certificação

A certificação de produtos ou serviços, sistemas de gestão e pessoas é, por definição, realizada pela terceira parte, isto é, por uma organização independente acreditada para executar essa modalidade de avaliação da conformidade (INMETRO, 2009).

As modalidades de certificação de produtos e serviços mais utilizadas são:

- *Modelo 1 – ensaio de tipo*: é o mais simples dos modelos de certificação. Fornece uma comprovação de conformidade de um item de um produto, em dado momento. É uma operação de ensaio, única em seu gênero, efetuada de uma só vez, limitando aí os seus efeitos. É quando, por exemplo, alguém (pessoa ou empresa) quer saber se determinado produto atende às especificações e contrata um laboratório para fazer ensaios.
- *Modelo 2 – ensaio de tipo seguido de verificação por meio de ensaio de amostras retiradas no comércio*: modelo com base no ensaio de tipo, mas combinado com ações posteriores para verificar se a produção continua sendo conforme. Essas ações compreendem ensaios em amostras retiradas no comércio. Trata-se da mesma situação do modelo 1, mas com um número maior de elementos verificados.
- *Modelo 3 – ensaio de tipo seguido de verificação por meio de ensaio em amostras retiradas no fabricante*: também com base no ensaio de tipo, porém combinado com intervenções posteriores para verificar se a produção continua sendo conforme. Compreende ensaios em amostras tomadas na própria fábrica. Aqui, em geral, um grande comprador solicita a inspeção dos produtos que está comprando ou pretende comprar na fábrica.
- *Modelo 4 – ensaio de tipo seguido de verificação por meio de ensaio em amostras retiradas no comércio e no fabricante*. Combina os modelos 2 e 3, tomando amostras para ensaios tanto no comércio quanto

na própria fábrica. Nesta situação é mais comum a solicitação de verificação ser feita por um grande cliente empresarial. São selecionados produtos tanto no mercado como na fábrica.
- *Modelo 5 – ensaio de tipo, avaliação e aprovação do sistema da qualidade do fabricante*: acompanhamento por meio de auditorias no fabricante e ensaio em amostras retiradas no comércio e no fabricante. É um modelo com base, como os anteriores, no ensaio de tipo, mas acompanhado de avaliação das medidas tomadas pelo fabricante para o sistema de gestão da qualidade de sua produção, seguido de um acompanhamento regular, por meio de auditorias, do controle da qualidade da fábrica e de ensaios de verificação em amostras tomadas no comércio e na fábrica. Este é o modelo mais utilizado no Sistema Brasileiro de Avaliação da Conformidade (SBAC). Este modelo proporciona um sistema credível e completo de avaliação da conformidade de uma produção em série e em grande escala.
- *Modelo 6 – avaliação e aprovação do sistema da qualidade do fabricante*: é um modelo no qual se avalia a capacidade de uma empresa industrial para fabricar um produto conforme especificação determinada. Este modelo não é adequado para certificação de produção já que o que é avaliado é a capacidade da empresa em produzir determinado produto em conformidade com uma especificação estabelecida, mas não verifica a conformidade do produto final.
- *Modelo 7 – ensaio de lote*: nesse modelo, submete-se a ensaios amostras tomadas de um lote do produto, emitindo-se, a partir dos resultados, uma avaliação sobre a conformidade a dada especificação. Pode ser uma solicitação de um órgão fiscalizador público para determinado laboratório de ensaios.
- *Modelo 8 – ensaio 100%*: é um modelo no qual cada um dos itens é submetido a um ensaio para verificar sua conformidade com dada especificação. Situação comum em grandes empresas compradoras com novos fornecedores.

A certificação de pessoas avalia as habilidades e os conhecimentos de algumas ocupações profissionais e pode incluir, entre outras, as seguintes exigências:

- *formação*: a exigência de certo nível de escolaridade visa assegurar nível de capacitação;
- *experiência profissional*: a experiência prática em setor específico permite maior compreensão dos processos envolvidos e identificação rápida das oportunidades de melhorias;

- *habilidades e conhecimentos teóricos e práticos*: a capacidade de execução é essencial para atuar e desenvolver-se na atividade.

No Brasil, são certificados, por exemplo, os inspetores de soldagem, os inspetores de ensaios não destrutivos e os auditores de sistemas da qualidade.

Já a certificação dos sistemas de gestão atesta a conformidade do modelo de gestão de fabricantes e prestadores de serviço em relação a requisitos normativos. Os sistemas clássicos na certificação de gestão são os de gestão de qualidade baseados nas normas ISO 9001 e os sistemas de gestão ambiental, conforme as normas ISO 14001.

A maioria dessas certificações é voluntária, para a empresa demonstrar a si própria, à sociedade e a seus clientes sua capacitação técnica, ou então solicitada por um grande cliente, conforme já descrito em alguns dos itens anteriores.

As avaliações de primeira parte são feitas pela própria empresa, que se autodeclara cumpridora de determinados padrões, que podem ser estabelecidos por si própria, por um cliente ou por uma entidade legalmente estabelecida. Cada caso é um caso e não há uma regra geral para o estabelecimento desses padrões.

As avaliações de segunda parte são, em geral, uma declaração de um fornecedor atestando a conformidade de processos, produtos ou serviços a padrões combinados por ambos.

A declaração de terceira parte é quando um organismo profissional, como o Inmetro, que não tem qualquer relação comercial com quem será verificado, é subcontratado para julgar a conformidade de algum padrão (norma, autorregulamentações etc.).

Declaração do fornecedor

É o processo pelo qual um fornecedor, sob condições preestabelecidas, fornece garantia escrita (atesta) de que um produto, processo ou serviço seu está conforme os requisitos especificados, ou seja, trata-se de um modelo de avaliação de conformidade de primeira parte.

Etiquetagem

Os produtos etiquetados são aqueles que apresentam etiqueta informativa que revela seu desempenho de acordo com os critérios preestabelecidos. Essa etiqueta pode ser comparativa entre produtos de um mesmo tipo, ou categoria, ou indicar que o produto atende a determinado desempenho em específico, podendo ser de caráter compulsório ou voluntário.

No Brasil, o Programa Brasileiro de Etiquetagem tem se destacado como um importante recurso para redução do consumo de energia elétrica em eletrodomésticos da chamada linha branca (refrigeradores, congeladores, aparelhos condicionadores de ar domésticos etc.) e em outros produtos como lâmpadas, chuveiros elétricos e aquecedores.

Inspeção

A inspeção pode ser definida como avaliação da conformidade pela observação e julgamento por meio de medições, ensaios ou uso de calibres. Os seus resultados podem ser utilizados para corroborar a certificação e a etiquetagem. A inspeção pode ser utilizada em áreas como segurança, desempenho operacional e manutenção da segurança ao longo da vida útil do produto. Seu objetivo principal é reduzir o risco do comprador, proprietário, usuário ou consumidor (INMETRO, 2009).

Os resultados da inspeção geram implicações importantes para fornecedores e consumidores, por isso a competência, imparcialidade e integridade dos organismos de inspeção[1] são vitais. Eles devem possuir pessoal competente, ou seja, qualificado e experiente.

O sistema de gestão interno de qualidade do organismo de inspeção é uma garantia importante de sua competência técnica. Ele deve sofrer auditoria contínua, de forma a assegurar efetividade. A imparcialidade deve ser garantida, não devendo existir interesse comercial por parte dos funcionários nos produtos e/ou serviços inspecionados. A integridade, por sua vez, está intimamente relacionada ao respeito à confidencialidade das informações recebidas durante a inspeção. No Brasil, a segurança veicular e o transporte de produtos perigosos, por exemplo, são atividades sujeitas à inspeção.

Ensaios

O ensaio é uma atividade técnica que consiste na determinação de uma ou mais características de determinado produto, processo ou serviço, com base em um procedimento especificado (INMETRO, 2009). É o mecanismo de avaliação da conformidade mais utilizado, podendo ser realizado em conjunto com a inspeção.

Os laboratórios de ensaios podem ser gerenciados por uma variedade de organizações, incluindo agências governamentais, institui-

---

[1] São organismos públicos ou privados habilitados tecnicamente para executarem esse tipo de atividade. Exemplo: Inmetro e o Instituto de Pesquisas Tecnológicas de São Paulo (IPT).

ções de pesquisa e acadêmicas, organizações comerciais e institutos de normalização. Podem ser divididos em duas principais categorias:

- laboratórios que produzem dados que serão utilizados por terceiros;
- laboratórios que produzem dados para uso interno das organizações.

Para que exista confiabilidade dos resultados, a qualidade e a segurança do ensaio são requisitos essenciais. O Inmetro acredita (credencia) laboratórios que atuam de acordo com requisitos internacionalmente estabelecidos. A acreditação (credenciamento) concedida pelo Inmetro é o reconhecimento formal de que o laboratório está operando um sistema da qualidade padronizado, documentado e é tecnicamente competente para realizar ensaios específicos avaliados de acordo com os critérios com base na ABNT ISO/IEC 17025.[2]

5.2 *International Organization for Standardization* (ISO)

A ISO é uma entidade não governamental criada em 1947, com sede em Genebra, Suíça, que possui o objetivo de promover o desenvolvimento da normalização e atividades relacionadas com a intenção de facilitar o intercâmbio internacional de bens e de serviços e desenvolver a cooperação nas esferas intelectual, científica, tecnológica e de atividade econômica.

A *International Organization for Standardization* (Organização Internacional para Padronização) teria diferentes siglas em diferentes línguas, e por essa razão seus fundadores decidiram criar uma alternativa para facilitar a padronização da sigla. Eles escolheram "ISO", derivado do grego *isos*, que significa "igual". Seja qual for o país, seja qual for o idioma, a abreviatura do nome da organização é sempre ISO.

É uma rede de institutos nacionais de normalização de 159 países, com um membro por país e com a coordenação geral executada por um Secretariado Central em Genebra. Ela faz uma ponte entre os setores público e privado. Muitos dos seus membros institutos fazem parte da estrutura governamental de seus países ou têm "procuração" de seus respectivos governos. Contudo, alguns membros têm suas raízes exclusivamente no setor privado, tendo sido criados por parcerias nacionais de associações industriais. Essa associação entre o público e o privado permite um consenso nas soluções, de forma

---

[2] Norma para laboratórios de ensaio e calibração.

que elas atendam às necessidades das empresas e da sociedade como um todo.

As normas da família ISO 9000 são regidas pela ISO Internacional e o Inmetro é o organismo no Brasil responsável por representá-la.

5.3 Motivações e passos para certificação

Podem-se identificar, pelo menos, quatro principais razões que levam uma empresa a implantar um sistema de gestão da qualidade com base nas normas ISO 9000 (OLIVEIRA; MELHADO, 2004):

- *conscientização real da alta administração*, a mais eficaz entre todas. Esta razão é considerada a mais eficaz por se tratar da situação em que a alta administração resolve implantar o sistema em razão dos reais benefícios que ele pode trazer, independentemente de pressões externas ou modismos;
- *razões contratuais no fornecimento de produtos/serviços* para outros países, para órgãos/empresas governamentais e também para um número cada vez maior de empresas de iniciativa privada. É evidentemente menos eficaz que a anterior, o tempo para a maturação é maior, mas normalmente se alcança a conscientização;
- *competitividade*, embora também não tão eficaz quanto a primeira, consegue-se de um modo geral e por meio de grande esforço chegar à conscientização da alta administração e, portanto, conquistar a implementação do sistema;
- *modismo*, a menos eficaz de todas, normalmente não se chega à conscientização da alta administração e, então, o processo é geralmente abandonado no meio do caminho.

Os principais passos para implantação de um sistema de gestão da qualidade com base nas normas ISO 9000 são:

1. análise do sistema da qualidade da empresa (se existir algum) e determinação de quais mudanças devem ser feitas para adaptá-lo às exigências das normas ISO 9000;
2. definição da política da qualidade;
3. estruturação do novo sistema (responsabilidades, estratégias, objetivos da qualidade, metas, planos de ação etc.);
4. treinamento e conscientização, primeiramente dos funcionários diretamente envolvidos com a implementação (ou modificação) do sistema da qualidade e, logo a seguir, os demais funcionários da empresa;

5. desenvolvimento e implementação dos procedimentos necessários ao sistema da qualidade (este é geralmente o ponto mais demorado durante o processo de implementação), incluindo a criação e escrituração de instruções de trabalho e registros;
6. seleção de um organismo certificador credenciado (OCC), também conhecido como órgão registrador;
7. pré-auditoria para avaliar se o sistema da qualidade implantado está de acordo com os padrões especificados pela norma; em geral, realizada por empresa de consultoria especializada ou pelos próprios órgãos certificadores;
8. eliminação das eventuais não conformidades (às normas) detectadas durante o processo de pré-auditoria;
9. auditoria final e certificação feitas pelo órgão certificador.

5.4 A família de normas ISO 9000

A família ISO 9000 é composta pelas seguintes normas principais:

- *ISO 9000 – Sistema de gestão da qualidade: fundamentos e vocabulário* – descreve os fundamentos do sistema de gestão da qualidade e estabelece a terminologia para esse sistema. Tem como objetivos esclarecer as diferenças e a inter-relação existente entre os principais conceitos da qualidade e apresentar diretrizes para a seleção e uso das outras normas da série. Não se emite certificado para esta norma nem é obrigatória sua observância, porém, obviamente, é desejável.
- *ISO 9001 – Sistema de gestão da qualidade: requisitos* – especifica requisitos para um sistema de gestão da qualidade. É geralmente utilizada quando um contrato entre duas partes exige a demonstração da capacidade do fornecedor para projetar e fornecer produtos padronizados. Os requisitos especificados nesta norma destinam-se, primordialmente, à prevenção de não conformidade em todos os estágios, desde o projeto até a assistência técnica.
- *ISO 9004 – Sistema de gestão da qualidade: diretrizes para melhoria de desempenho* – fornece diretrizes que consideram tanto a eficácia como a eficiência do sistema de gestão da qualidade. O objetivo desta norma é melhorar o desempenho da organização e a satisfação dos clientes e das outras partes interessadas.

Estas normas têm funções distintas e podem ser classificadas em dois grupos:

- *normas diretrizes* – diretrizes para seleção e uso das normas (ISO 9000) e diretrizes para implementação de um sistema de gestão da qualidade (ISO 9004);
- *norma contratual* – norma contratual ISO 9001, chamada assim por se tratar de um modelo para contratos entre fornecedor e cliente baseado em requisitos.

Só se pode emitir certificado para a norma ISO 9001, que possui requisitos (*check-list*) a serem seguidos. As normas ISO 9000 e ISO 9004 não são um *check-list* e não permitem a certificação, são apenas recomendações, mas é bastante aconselhável que sejam observadas. A norma ISO 9001 será mais bem tratada no próximo item.

5.5 ISO 9001 – Sistema de Gestão da Qualidade: requisitos

A norma ISO 9001 auxilia empresas de vários portes e de qualquer setor a implementar e operar um sistema de gestão da qualidade (SGQ) de forma sistemática e integrada aos demais processos e setores da organização, alinhando as expectativas dos clientes à eficácia da organização como um todo. Ela objetiva desenvolver a padronização e melhoria de produtos e serviços, reduzindo a variabilidade e atendendo as necessidades dos clientes.

Para isso são indispensáveis o comprometimento e a ativa participação da alta direção, conforme preconiza a própria norma, nos processos de desenvolvimento e implantação do SGQ ISO 9001, uma vez que recursos financeiros, humanos e de infraestrutura deverão ser disponibilizados em intensidades e momentos bastante específicos (HEUVEL, 2005). Alguns princípios preconizados pela ISO 9001 são:

- foco no cliente;
- liderança;
- envolvimento de pessoas;
- abordagem de processo;
- abordagem sistêmica;
- melhoria contínua;
- abordagem factual para as tomadas de decisão;
- parceria com os fornecedores.

A macroestrutura da norma ISO 9001 consta do Quadro 5.1.

A Figura 5.1 representa o ciclo PDCA adaptado à norma ISO 9001, no qual se objetiva realizar o produto conforme requisitos do cliente, de forma a satisfazer suas expectativas e necessidades. Em paralelo, a gerência deve prover os recursos necessários, bem como

Quadro 5.1 – Macroestrutura da norma ISO 9001

0) Introdução

1) Objetivo

2) Referência normativa

3) Termos e definições

4) Sistema de gestão da qualidade

5) Responsabilidade da administração

6) Gestão de recursos

7) Realização do produto

8) Medição, análise e melhoria

Anexo A – Correspondência entre ISO 9001:2008 e ISO 14001:2004

Anexo B – Alterações entre a ISO 9001:2000 e a ISO 9001:2008

Bibliografia

Fonte: ISO 9001, 2006.

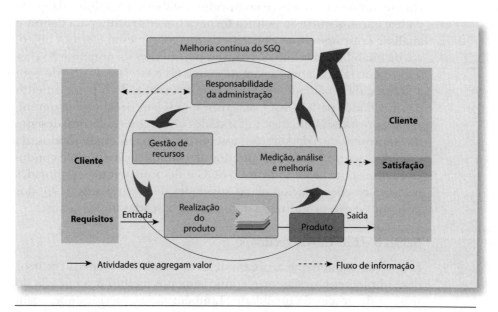

Figura 5.1 • ISO 9001 e seus processos.
Fonte: ISO 9001, 2008.

gerenciar atividades relacionadas à medição, análise e melhoria, de forma a obter melhoria contínua do sistema.

A seguir, será feita uma breve explanação sobre os conteúdos das seções básicas da norma ISO 9001:

Seção 4 – Sistema de gestão da qualidade

Esta seção estabelece requisitos globais para o sistema de gestão da qualidade, tratando de itens como melhoria contínua de sua eficácia e a constituição mínima de sua documentação, indicando suas características principais e os requisitos de controle. São salientadas as necessidades de mapear, interpretar, criticar e monitorar os diversos processos da organização, bem como implementar as ações necessárias para seu aprimoramento contínuo.

Seção 5 – Responsabilidade da administração

Esta seção indica as responsabilidades da alta direção em relação ao sistema de gestão da qualidade, incluindo seu comprometimento, foco no cliente, planejamento e comunicação interna.

É requerido que a alta administração forneça evidências de seu comprometimento com o desenvolvimento, a implementação e a melhoria contínua da eficácia do SGQ; assegure que os requisitos do cliente são determinados e cumpridos; estabeleça a política da qualidade e garanta que essa política forneça uma estrutura para definir e analisar criticamente os objetivos da qualidade; estabeleça os objetivos da qualidade nas funções e níveis pertinentes da organização e assegure que tais objetivos sejam mensuráveis e estejam de acordo com a política da qualidade; assegure que seja realizado o planejamento das atividades para o SGQ; assegure que sejam definidas e comunicadas as responsabilidades, autoridades e suas inter-relações; designe um representante da Direção; assegure que sejam estabelecidos, na organização, processos apropriados de comunicação interna; conduza análises críticas periódicas do SQG e demonstre que são tomadas decisões e ações relacionadas a atividades de melhoria do SGQ, dos processos e dos produtos da organização baseadas nessas análises.

Seção 6 – Gestão de recursos

Esta seção requer que a organização determine e forneça recursos para implementar, manter e continuamente melhorar a eficácia do sistema de gestão da qualidade. Também são requeridos que sejam determinados e fornecidos os recursos necessários para aumentar a satisfação do cliente, atendendo a seus requisitos.

A organização deve garantir que o pessoal que executa as atividades que afetam a qualidade do produto seja competente, tendo educação, treinamento, habilidade e experiência adequados. A organização ainda deve determinar, prover e manter a infraestrutura necessária para alcançar a conformidade com os requisitos do produto (edifícios, instalações, equipamentos e serviços de apoio). É determinado ainda que se devem gerenciar e fornecer as condições do ambiente de trabalho necessárias para alcançar a máxima produtividade.

Seção 7 – Realização do produto

Esta seção diz que a organização deve planejar e desenvolver os processos necessários para a realização do produto e que esse planejamento deve ser coerente com os requisitos de outros processos do SGQ.

Para tal, é necessário que se estabeleçam os processos relacionados aos clientes e se indiquem os requisitos relacionados ao produto, procedendo a sua análise crítica. Tão fundamental quanto este item, deve ser o planejamento do projeto e do desenvolvimento, em que devem ser determinadas as premissas básicas para a entrada, saída, análise crítica, verificação, validação e controle de alterações do projeto e do desenvolvimento de produtos.

Esta seção também trata das questões relacionadas com o planejamento, implementação e controle do processo de aquisição e do processo de produção e fornecimento do serviço, incluindo identificação e rastreabilidade, preservação e controle dos dispositivos de medição e monitoramento do produto.

Seção 8 – Medição, análise e melhoria

Nesta parte da norma é indicada a necessidade de planejar e implementar os processos necessários ao monitoramento, medição, análise e melhoria para demonstrar a conformidade do produto e a eficácia do sistema de gestão da qualidade, por meio da determinação de métodos aplicáveis, incluindo técnicas estatísticas e a extensão de seu uso.

Esta seção trata especificamente da medição da satisfação dos clientes, das auditorias internas, da medição e monitoramento dos processos e dos produtos, do controle do produto não conforme e da análise de dados, dando especial atenção à aplicabilidade desses itens visando à melhoria contínua do sistema, em que se estabelece a necessidade de utilização sistemática e pragmática dos conceitos de ação corretiva e ação preventiva.

A empresa deve definir claramente quais produtos e processos estão dentro do escopo do SGQ que pretende certificar. Aqueles que estiverem incluídos nesse escopo deverão atender a todos os requisitos da ISO 9001, a menos que a organização possa demonstrar claramente que certos requisitos da seção 7 não se aplicam.

Exclusões típicas podem envolver: a) projeto, se a empresa não for a responsável pelo projeto ou desenvolvimento dos produtos que ela fornece; b) propriedade do cliente; c) identificação e rastreabilidade; d) controle de dispositivos de monitoramento e medição, especialmente no caso de organizações do setor de serviços.

Os benefícios mais comuns provenientes da implementação da ISO 9001 são:

- padronização de processos;
- redução de refugos e retrabalhos;
- redução do número de clientes insatisfeitos;
- conscientização dos funcionários em relação à importância da qualidade;
- aumento de produtividade e do lucro.

5.6 Auditoria da qualidade

A auditoria é o processo sistemático, documentado e independente para obter evidências e avaliá-las objetivamente para determinar a extensão na qual os critérios da auditoria são atendidos. Trata-se de um processo de avaliação humana para determinar o grau de aderência a um padrão específico, resultando em um julgamento. A auditoria deve gerar confiança em todas as partes interessadas com base nos princípios de independência, imparcialidade e competência. Para esse processo recomenda-se a leitura da norma ISO 19011: 2002 – Diretrizes para auditorias para sistemas de gestão da qualidade e/ou ambiental.

A auditoria deve ser uma atividade planejada e documentada, executada para determinar a efetividade da implementação, adequação e conformidade a procedimentos, instruções, desenhos ou outros documentos pertinentes. É feita por investigação, exame ou avaliação de evidência objetiva e não deve ser confundida com atividades de inspeção ou de fiscalização puramente, que, em geral, são executadas para o objetivo único de controle ou de aceitação de produto ou processo.

A auditoria da qualidade tem as seguintes importantes finalidades (ISO 19011, 2002):

a) satisfazer requisitos para certificação em uma norma de sistema de gestão;

b) verificar conformidade com requisitos contratuais;
c) obter e manter confiança na capacidade de um fornecedor;
d) contribuir para a melhoria do sistema de gestão.

De acordo com a ANVISA (2013), o ciclo de vida de uma auditoria pode ser associado ao ciclo PDCA, conforme pode ser visto na Figura 5.2.

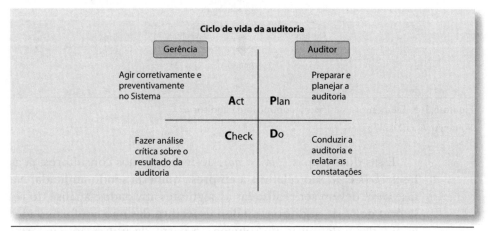

Figura 5.2 • Ciclo de vida da auditoria.
Fonte: Anvisa (2013).

Na etapa de planejamento (*plan*) é importante definir exatamente o escopo da auditoria de forma que se possam estabelecer as datas para sua realização, a abrangência dos documentos, elaborar o plano de auditoria e preparar as listas de verificação.

Na etapa de condução da auditoria (*do*), deve-se realizar uma reunião de abertura, uma visita inicial às áreas a serem auditadas, seguir o plano traçado a partir da realização de entrevistas, verificações *in loco* e análise de registros. É necessário que os diversos auditores discutam as observações e cheguem a um consenso sobre os fatos. Por fim, deve-se realizar uma reunião de fechamento dos trabalhos na empresa.

A auditoria deve ser conduzida segundo os elementos constantes da Figura 5.3.

Ainda na etapa relativa ao "*do*", destaca-se o processo de relatar a auditoria. Nele devem constar as seguintes atividades: análise crítica das informações conseguidas por toda a equipe de auditores, registro de não conformidades, anexação de registros de não conformidades e elaboração do relatório.

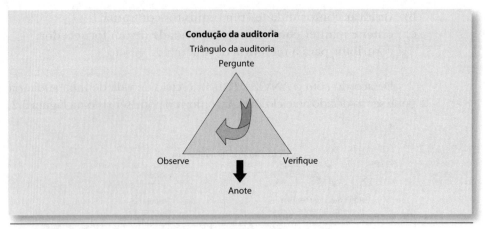

Figura 5.3 • Elementos essenciais à condução da auditoria.
Fonte: Anvisa (2013).

Essas duas etapas (*plan* e *do*) são inerentes aos consultores; já as fases *check* e *act* são relativas à empresa que está sendo auditada. Na fase *check* devem ser realizadas as seguintes atividades: análise do relatório geral de auditoria, análise específica das não conformidades apontadas e definição de soluções, a partir da utilização das ferramentas da qualidade, para as não conformidades relatadas, gerando planos de ação.

Por fim, na fase *act* devem-se implementar efetivamente as soluções propostas na fase anterior. Em geral implantam-se as ações imediatas previstas nos planos de ação. Após isso, é verificado se a não conformidade foi solucionada. Caso negativo, repete-se o processo.

As auditorias podem ser internas ou externas. As *internas* são executadas com o pessoal da própria empresa, que deve ser treinado e conscientizado quanto à importância da imparcialidade e isenção no processo. Tem a vantagem de ter custos menores, pois são realizadas com mão de obra já disponível na organização, porém elas possuem menor confiabilidade e diminuem a força de trabalho disponível em função da saída dos profissionais de suas atividades rotineiras.

Já as auditorias externas são realizadas, em geral, por empresas especializadas, consultorias ou organismos credenciados de certificação (OCC), possuem custos maiores, porém com confiabilidade maior e, nesse caso, não há diminuição da capacidade da empresa por usar pessoal externo.

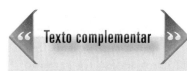

A ISO 9001 é importante?

Em 1987, a ISO publicou a primeira série ISO 9000 de normas de sistema de gestão da qualidade (SGQ). Desde então, mais de 1 milhão de organizações em 178 países obteve a certificação ISO 9001. Mas será que eles desfrutaram de benefícios financeiros ao se certificarem? Este texto resume os principais resultados de um estudo científico que mostra que a implementação da norma, de fato, melhora o desempenho financeiro; mas as organizações com o objetivo de conquistar melhorias reais de qualidade interna ganham mais do que aquelas que utilizam a ISO 9001 como uma "solução rápida", em resposta a problemas de qualidade ou à pressão do cliente.

Apesar de dezenas de estudos científicos sobre ISO 9001 terem sido publicadas até hoje, existe uma imagem confusa do impacto da ISO 9001 no desempenho financeiro. Enquanto muitos concluíram que a implementação ISO 9001 e a certificação tiveram um impacto direto e positivo financeiramente, outros não encontraram qualquer efeito significativo. Além da ligação direta entre SGQ e sucesso financeiro, alguns estudos destacam outras variáveis que podem ter influência.

Estudou-se a extensão de melhora da eficiência econômica de uma organização após a ISO 9001, e se esse desempenho foi superior ao de uma semelhante, ou seja, de uma empresa não certificada. Nós observamos os indicadores financeiros, como retorno sobre ativos, vendas, investimentos e de capital, e a margem de lucro, rentabilidade, aumento das vendas e conquista de mercado.

A análise mostra que a certificação ISO 9001, de fato, melhora o desempenho financeiro, e que esta é alcançada principalmente por meio do aumento de vendas. Isso pode ser explicado quando olhamos mais de perto a relação entre ISO 9001 e os mecanismos de benefícios internos, externos e de sinalização de benefícios que podem levar ao aumento do desempenho financeiro.

Primeiro, a implementação da ISO 9001 pode trazer benefícios internos, embora as organizações não possam se tornar financeiramente mais eficientes, imediatamente após serem certificadas. Segundo, o aumento do controle dos processos, da qualidade, da produtividade e da eficiência pode melhorar a satisfação do cliente, portanto fornece alguns benefícios externos. Por fim, o certificado ISO 9001 em si pode proporcionar a sinalização de benefícios na qualidade.

Os clientes muitas vezes não têm pleno conhecimento das características do produto e seu fornecedor. Normas de gestão de qualidade, como a ISO 9001, podem resolver em parte o problema, sinalizando a qualidade da organização. Nosso estudo indicou que a certificação ISO 9001 aumentou as vendas, mas ainda não está claro se isso foi causado pela maior satisfação do cliente ou pelo efeito de sinalização.

Pode haver alguns fatores de moderação para explicar os diferentes resultados de vários estudos já realizados sobre este tema e as diferenças entre as empresas na melhoria de seu desempenho. Motivação e internalização são as duas variáveis mais discutidas que as organizações devem ter em conta ao implementar a ISO 9001.

A motivação para a implementação da ISO 9001 pode influenciar no seu efeito sobre o desempenho financeiro. Organizações podem desejar obter a certificação por razões externas, tais como a pressão dos clientes, mercados ou governos, ou por razões internas, tais como a melhoria da produtividade e a eficiência. Aquelas que visam aos benefícios de curto prazo externos podem esperar ganhar esses benefícios rapidamente, porém, de forma frágil, enquanto aquelas com o objetivo de melhoria da qualidade real podem conseguir maiores benefícios globais.

O grau em que os princípios da ISO 9001 são adotados internamente depende da motivação da organização, e aqui se precisa ser crítico para o seu êxito. Organizações com motivação externa tendem a implementar medidas prescritas pela norma como uma solução rápida para problemas de qualidade, enquanto aquelas com motivação interna são mais propensas a usar a norma e os princípios subjacentes no dia a dia e na tomada de decisões, para realmente melhorar a qualidade. A internalização de princípios da ISO 9001 é considerada necessária para a realização dos benefícios de desempenho mais significativa do padrão SGQ.

Fonte: Adaptado de MANDERS; VRIES, 2012.

Atividades

❶ Reflita sobre as competências desejáveis para um auditor. Liste-as e sugira formas para desenvolvê-las.

❷ Liste detalhadamente pelo menos cinco ações preparatórias para a implantação da ISO 9001.

❸ Analise e justifique se é necessário pessoal, recursos, preparação etc. diferentes para empresas que tenham motivações distintas (ver as motivações apresentadas neste capítulo) para implantação da ISO 9001.

capítulo 6

Programas relacionados à qualidade

A gestão da qualidade tem sido muito utilizada por organizações de todo o mundo. Com esse uso intensivo, foram criados diversos programas para apoiá-la, complementá-la ou potencializá-la. Neste capítulo, alguns dos principais programas serão sucintamente apresentados: programa 5S, seis sigma, produção enxuta, *balanced scorecard* e Prêmio Nacional da Qualidade (PNQ).

6.1 Programa 5S

Os princípios desse programa têm sua origem em um código comportamental japonês (*seiri, seiton, seiso, seiketsu* e *shitsuke*). Os 5S foram *interpretados* como "sensos" para refletir melhor a ideia de profunda mudança comportamental. A própria pessoa precisa "sentir" a necessidade e a vontade de fazer algo em prol da qualidade, porém quase sempre ela tem de ser motivada para isso. Assim convencionou-se:

- senso de utilização para *seiri*;
- senso de ordenação para *seiton*;
- senso de limpeza para *seiso*;
- senso de saúde para *seiketsu*;
- senso de disciplina para *shitsuke*.

A sua prática é um excelente meio de conseguir bons resultados de mudança comportamental, tanto pela revolução que faz nos ambientes de trabalho quanto pelo envolvimento e comprometimento pessoal que gera. A seguir é apresentada uma breve explicação sobre cada um dos sensos.

Senso de utilização

Refere-se à boa e necessária utilização dos recursos disponíveis de acordo com a necessidade e adequação, evitando excessos, desperdícios e má utilização. Identificação, classificação e remanejamento são realizados, deixando no local somente o que for estritamente necessário e útil ao fim desejado. Refere-se à eliminação de tarefas desnecessárias e desperdício de recursos em geral, sejam materiais ou humanos (IPEM-SP, 2009).

Como praticar?

1. Identifique e classifique os objetos e dados em necessários e desnecessários;
2. faça o remanejamento conforme o fluxograma constante da Figura 6.1.

A prática do senso de utilização traz muitos benefícios, entre os quais destacam-se:

- liberação de espaço;
- reaproveitamento de recursos;
- eliminação de excessos e desperdícios;
- diminuição da burocracia;
- diminuição dos custos;
- maior organização.

Senso de ordenação

O senso de ordenação dá-se na disposição sistemática dos objetos e dados e na comunicação visual, facilitando a identificação e o acesso rápido e seguro aos itens necessários para as operações cotidianas, bem como o fluxo das pessoas. É a arrumação e a organização dos

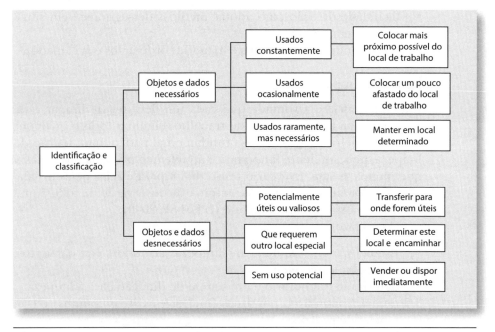

Figura 6.1 • Fluxograma do senso de utilização.

objetos, materiais e informações úteis e necessários de maneira funcional, ou seja, cada coisa no seu lugar (IPEM-SP, 2009).

Como fazer?

1. Identifique todos os objetos rotulando-os;
2. padronize a nomenclatura;
3. guarde os itens de acordo com a frequência de uso. Itens de uso frequente devem ficar bem próximos do operador e os de menor frequência podem ficar mais afastados;
4. assinale visualmente todos os pontos críticos: locais perigosos, áreas restritas, equipamentos que exigem atenção especial etc.;
5. faça uma comunicação visual de rápido e fácil entendimento, utilizando frases curtas e objetivas, com apenas uma ideia-chave, que pode ser ilustrada com um desenho.

A prática do senso de ordenação apresenta as seguintes vantagens:

- economia de tempo decorrente da rapidez para encontrar documentos, informações, materiais e outros itens necessários ao trabalho;
- utilização racional do espaço com melhoria do ambiente físico;

- facilidade de ação para adotar medidas de segurança em situações de emergência;
- ferramentas, instrumentos e materiais ordenados e arrumados.

Senso de limpeza

É a consciência e a vontade que cada um deve ter de limpar e de manter limpa a própria área de trabalho, eliminar todo e qualquer traço de sujeira e agir na causa fundamental para a manutenção da limpeza, pois ambiente limpo não é aquele que mais se limpa, mas o que menos se suja. Exercer o senso de limpeza é zelar pelas instalações, equipamentos, materiais, enfim, é a conservação de tudo o que está sob a nossa responsabilidade (IPEM-SP, 2009).

Como fazer?

1. Estabeleça um esquema de limpeza: armários, equipamentos, mesas, bancadas etc.;
2. determine um horário e um tempo de duração para a limpeza;
3. defina responsáveis por áreas (inclusive as áreas comuns) e crie tabelas de rodízio;
4. identifique e elimine as causas da sujeira: eduque-se para não sujar; procure produzir sem gerar lixo. Não sendo possível, discipline-se de forma a colocar o "lixo no lixo", observando a coleta seletiva;
5. mantenha arquivos físicos e lógicos sempre atualizados;
6. cuide da própria aparência física e das condições fisiológicas, limpe-se dos negativismos, maus pensamentos e invejas.

A prática do senso de limpeza gera os seguintes benefícios:

- ambiente mais agradável e sadio;
- melhoria e preservação dos equipamentos, proporcionando-lhes maior vida útil;
- diminuição do desperdício;
- prevenção de acidentes;
- melhoria da imagem interna e externa da organização, causando boa impressão aos clientes;
- bem-estar pessoal.

A Figura 6.2 apresenta um exemplo do resultado da aplicação simples desses sensos.

Programas relacionados à qualidade • 115

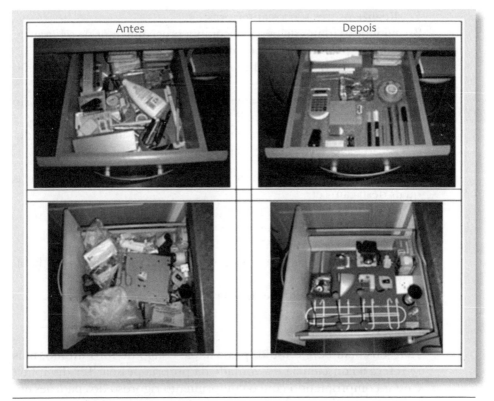

Figura 6.2 • Exemplo da aplicação do 5S.
Fonte: ROSSI, 2013.

Senso de saúde

É a preocupação com a própria saúde nos níveis físico, mental e emocional. O senso de saúde ocorre quando a pessoa tem plena consciência dos aspectos que afetam a sua própria saúde e também a saúde coletiva e age preventivamente sobre eles, além de procurar manter as condições de trabalho, físicas e mentais favoráveis (IPEM-SP, 2009).

Praticar o senso de saúde é estar atento ao bem-estar próprio e coletivo, buscando manter um bom clima organizacional e zelando pela qualidade das relações de trabalho, relações pessoais e condições de higiene em todos os locais: banheiro, postos de trabalho, refeitório, cantina etc.

Como praticar?

1. Realize os três sensos anteriores;
2. elimine as fontes de perigo e cumpra procedimentos de segurança;
3. limpe e promova o embelezamento do local de trabalho;
4. procure se informar sobre saúde em geral e promova a difusão de material educativo;
5. promova e participe de atividades para restauração do equilíbrio físico, mental e emocional;
6. promova um bom clima de trabalho, cultivando franqueza e educação nas relações entre as pessoas.

A prática do senso de saúde apresenta muitas vantagens, entre as quais destacam-se:

- prevenção de acidentes;
- prevenção e controle do estresse e outras doenças;
- elevação dos níveis de satisfação e motivação que levam ao bem-estar pessoal;
- melhoria da qualidade de vida.

Senso de disciplina

Este senso também é muito pessoal, ele é algo de foro íntimo, pois se refere à consciência e à vontade da própria pessoa. Ter disciplina é estar comprometido com o cumprimento rigoroso dos padrões éticos, morais e técnicos com os quais se deve estar envolvido na organização, na comunidade e em todos os momentos, sem a necessidade de controle externo (IPEM-SP, 2009).

Como desenvolver?

1. Compartilhe visão e valores;
2. eduque-se para a criatividade;
3. procure ter padrões simples, com procedimentos claros e possíveis de serem cumpridos;
4. seja claro e objetivo na comunicação (informe bem e use linguagem adequada);
5. cumpra horários e compromissos;
6. cumpra suas obrigações com boa vontade e dedicação, buscando fazer sempre o melhor;
7. comprometa-se, participe e procure desenvolver-se cada vez mais consolidando as melhorias alcançadas.

Destacam-se os seguintes benefícios deste senso:

- autoinspeção e autocontrole a todas as tarefas, por mais simples que sejam;

- cumprimento de regras e procedimentos estabelecidos;
- previsibilidade dos resultados;
- consolidação e melhoria do trabalho em equipe;
- desenvolvimento pessoal, melhoria contínua pessoal, organizacional e coletiva;
- bem-estar.

Como se percebe, o programa 5S é extremamente simples, pois esses "sensos" estão naturalmente implícitos nas pessoas, precisando muitas vezes só despertá-los. Muita gente já pratica o 5S em casa, no trabalho, na escola, no lazer e em vários momentos da vida (PAMA-LS, s/d).

À primeira vista podem parecer óbvios, mas, na medida em que são praticados de forma sistemática, geram resultados animadores. Lembre-se de que as grandes realizações são geralmente resultado de *ideias* extremamente simples.

Assim, propõem-se uma profunda reflexão sobre cada um dos cinco sensos (lembrando que eles não ocorrem isoladamente, pois são interligados, compondo um sistema) e a adoção de uma postura consciente quanto à sua prática, o que certamente trará grandes benefícios para o próprio indivíduo, para a organização e para a coletividade.

A Figura 6.3 apresenta um resumo esquemático do programa 5S.

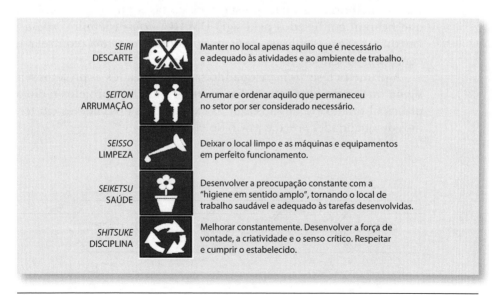

Figura 6.3 • Resumo esquemático do programa 5S.
Fonte: IPEM–SP, 2009.

6.2 Seis sigma

O seis sigma é uma ferramenta estruturada que incrementa a qualidade por meio da otimização das operações, da eliminação sistemática das falhas, erros, defeitos e desperdícios e da melhoria contínua de processos do negócio, iniciando por aqueles que atingem diretamente o cliente (TONINI; OLIVEIRA, 2007).

Desenvolvido inicialmente pela Motorola e depois aplicado na General Electric, o fascínio que o seis sigma gera no meio empresarial é decorrente dos significativos resultados financeiros proporcionados às organizações que o implantaram.

A filosofia que sustenta o seis sigma é a melhoria contínua (*kaizen*) e a gestão da qualidade total (*total quality management*, TQM), o que torna possível a sua aplicação em organizações de qualquer porte e de qualquer atividade.

Trata-se de uma metodologia que reduz continuamente a variabilidade dos processos, considerando a situação atual e a meta especificada pelos clientes. Um processo seis sigma é aquele no qual é rara a presença de uma variação fora das especificações.

O objetivo real do seis sigma, muitas vezes, não é atingir a perfeição, mas instituir uma forma sistemática de reduzir a variabilidade dos processos e aumentar a confiabilidade.

A aplicação do seis sigma dá-se por meio de projetos específicos de melhoria, os quais possuem cinco fases ou estágios básicos, que ficaram conhecidos pela sigla DMAIC: *define* (definir), *measure* (medir), *analyse* (analisar), *improve* (melhorar) e *control* (controlar), conforme a Figura 6.4.

A primeira fase, *define*, é quando são identificados os projetos seis sigma que serão implementados na empresa. Esses projetos terão a principal finalidade de satisfazer as expectativas dos clientes em termos de qualidade, preço e prazo de entrega.

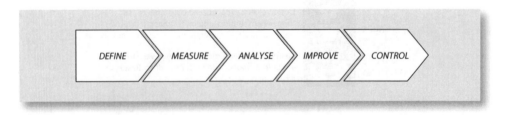

Figura 6.4 • DMAIC.
Fonte: TONINI; OLIVEIRA, 2007.

A seguir, a fase *measure* abrange as ações relacionadas com o diagnóstico ou levantamento da situação atual dos processos para a quantificação da variabilidade e da capacidade atuais dos processos. São identificadas também as variáveis de entrada e de saída dos processos-chave. O *failure mode effect analysis* (FMEA) e o *quality function deployment* (QFD) são duas ferramentas bastante utilizadas nesta fase.

Na fase seguinte, *analyse*, são estudados os dados coletados para conhecer as relações causais, as fontes de variabilidade e o porquê do desempenho insatisfatório de tais processos, obviamente visando à sua melhoria.

A fase *improve* trata do desenvolvimento de soluções mais adequadas para eliminar as falhas e para isso são essenciais a simulação e a experimentação. Por fim, na fase *control* são desenvolvidos mecanismos para monitorar continuamente o desempenho de cada processo.

As metas práticas da aplicação de um programa de seis sigma são (TONINI; OLIVEIRA, 2007):

- reduzir a variabilidade proveniente das causas especiais para o patamar de 3,4 partes de defeitos por milhão (ppm), ou seja, atingir 99,99966% de perfeição. Note-se que nem mesmo as grandes organizações que adotam esta metodologia há bastante tempo, como a General Electric e a Motorola, conseguiram ainda alcançar esse nível em todos os processos. Trata-se, portanto, de uma busca constante;
- adequar a capacidade do processo aos objetivos estipulados pelos clientes.

Como o seis sigma utiliza ferramentas estatísticas para a resolução dos problemas, tornam-se necessárias pessoas especialistas nessas ferramentas (os *belts*). Os principais atores são:

- *executive leader*: principal interessado no sucesso do seis sigma, que tem como principal função comprometer a alta direção, estabelecer objetivos do seis sigma para a organização e verificar o seu cumprimento;
- *champion*: representante da alta direção, sendo responsável pela liderança junto aos executivos da organização;
- *master black-belt*: responsável por trabalhar os aspectos conceituais (lançamento de ideias) e facilitar a implementação dos projetos seis sigma nas diversas unidades da organização;
- *black-belt*: são os que efetivamente implementam os projetos seis sigma;

- *green-belt*: auxiliam os *black-belts* na coleta de dados e desenvolvimento dos experimentos para os projetos seis sigma.

Além desses papéis, é possível estabelecer outras "faixas", para dividir as responsabilidades e as tarefas, como os *yellow-belt*.

6.3 Produção enxuta ou *lean manufacturing*

A produção enxuta é uma filosofia que objetiva eliminar desperdícios e reduzir o tempo transcorrido entre o pedido do cliente e a entrega do produto ou serviço a partir da análise do fluxo de valor, estendendo-se à cadeia de suprimentos.

De acordo com Womack e Jones (2004), os cinco princípios da produção enxuta são:

- valor: capacidade específica oferecida a um cliente no momento certo a um preço adequado, conforme definido por ele;
- fluxo de valor: é o conjunto de todas as atividades específicas necessárias para levar um produto a passar pelas três tarefas gerenciais cruciais de qualquer negócio – solução de problemas (que vai da concepção ao lançamento), gerenciamento da informação (que vai do recebimento do pedido à entrega do produto) e transformação física (que vai da matéria-prima ao produto acabado na mão do cliente);
- fluxo: realização progressiva de tarefas, que realmente agregam valor, ao longo do fluxo de valor para que um produto passe da concepção ao lançamento, do pedido à entrega e da matéria-prima às mãos do cliente sem interrupções, refugos ou retrabalhos;
- produção puxada: sistema de produção e instruções de entrega das atividades na qual nada é produzido pelo fornecedor sem que o cliente sinalize uma necessidade real;
- perfeição: eliminação total dos desperdícios para que todas as atividades ao longo de um fluxo de valor realmente possam criar valor.

Para Liker (2005), o sistema Toyota de produção (STP) é a origem da teoria sobre *lean manufacturing*. Seus 14 princípios são:

- Princípio 1: basear as decisões administrativas em uma filosofia de longo prazo, mesmo em detrimento de metas financeiras de curto prazo;
- Princípio 2: criar um fluxo de processo contínuo para trazer os problemas à tona;

- Princípio 3: usar sistemas puxados para evitar a superprodução;
- Princípio 4: nivelar a carga de trabalho (*heijunka*);
- Princípio 5: construir uma cultura de parar e resolver problemas, obtendo qualidade logo na primeira tentativa;
- Princípio 6: tarefas padronizadas são a base para a melhoria contínua e a capacitação dos funcionários;
- Princípio 7: usar controle visual para que nenhum problema fique oculto;
- Princípio 8: usar somente tecnologia confiável e completamente testada, que atenda aos funcionários e processos;
- Princípio 9: desenvolver líderes que compreendam completamente o trabalho, que vivam a filosofia e a ensinem aos outros;
- Princípio 10: desenvolver pessoas e equipes excepcionais que sigam a filosofia da empresa;
- Princípio 11: respeitar sua rede de parceiros;
- Princípio 12: ver por si mesmo para compreender completamente a situação (*genchi genbutsu*);
- Princípio 13: tomar decisões lentamente por consenso, considerando completamente todas as opções; implementá-las com rapidez;
- Princípio 14: tornar-se uma organização de aprendizagem por meio da reflexão incansável (*hansei*) e da melhoria contínua (*kaizen*).

As principais características e elementos da produção enxuta comparados com a produção tradicional são apresentados na Tabela 6.1.

De acordo com Silva et al. (2011), as principais ferramentas utilizadas na produção enxuta são:

- 5S;
- *poka yoke*;
- trabalho padrão;
- *just-in-time*;
- manufatura de fluxo contínuo;
- troca rápida de ferramenta;
- manutenção produtiva total.

Conforme Duque e Cadavid (2007), os conceitos da produção enxuta podem ser aplicados a uma grande variedade de empresas. Existem quatro fatores-chave para conseguir implantá-los com sucesso:

Tabela 6.1 Principais características da manufatura tradicional e da manufatura enxuta

	Característica	Manufatura tradicional	*Lean manufacturing*
Planejamento e controle das operações	Objetivo gerencial	Busca da eficiência pela maximização do uso de recursos e aumento da produção	Busca da eficácia e eficiência com foco na criação de valor e redução de desperdícios
	Gestão de estoques	Manutenção de estoques suficientes para proteger a produção	Redução de estoques para evidenciar os problemas da produção
	Acionamento da produção	Produção empurrada (*push*) por ordens de produção e previsões de demanda	Produção puxada (*pull*) pela demanda e entrega *just-in-time* (JIT)
Configuração física do sistema produtivo	Arranjo físico	Limitado a arranjos do tipo linear (por produto) ou funcional (por processo)	Agrupamento de produtos por famílias para implantação de células de manufatura
	Tipo de equipamentos	Equipamentos com baixa flexibilidade devido a tempos de *setup* longos	Equipamentos com alta flexibilidade que incorporam sistemas de troca rápida (TR)
	Fluxo de material	*Lead time* longo por falta de conexão entre as etapas de processo	Manufatura de fluxo contínuo (MFC) com *lead time* curto
	Tamanho do lote	Lotes grandes dimensionados pelo modelo do lote econômico	Lotes pequenos e *one piece flow*
Processo de melhoria	Procedimentos de trabalho	Variação e ineficiência devido à falta de atualização dos procedimentos e falta de aderência aos padrões	Aderência aos procedimentos melhorados e formalizados como Trabalho Padrão (TP)
	Controle da qualidade	Inspeção no embarque, controle sob responsabilidade do departamento de controle de qualidade	Inspeção na fonte, cultura da qualidade total (TQM), aplicação de *poka yoke* (PY) em sistemas à prova de erro
	Gestão da manutenção	Predominantemente corretiva, responsabilidade dos técnicos de manutenção	Promoção da manutenção produtiva total (MPT)
	Visão do processo de melhoria	Foco na eficiência de recursos limita a abrangência dos resultados	Visão sistêmica das necessidades de melhoria pelo mapeamento de fluxo de valor (MFV)

Fonte: SILVA et al., 2011.

- preparação e motivação das pessoas: comunicação intensa, ênfase na necessidade de mudança e, essencialmente, tornar o processo transparente, em que todos saibam o que está ocorrendo;
- estabelecimento de regras no processo de mudança: ter uma liderança informada e ativa; envolver os empregados em todos os aspectos do projeto; ter especialistas agindo como coordenadores e suporte para a gestão;
- metodologia de mudança: aplicação das ferramentas *lean*. Aqui todas as ferramentas do pensamento *lean* podem ser aplicadas, como o uso de eventos *kaizen*, equipes focadas, entre outras;
- ambiente para a mudança: como em qualquer esforço de transformação, o ambiente é fundamental. Na implantação do sistema *lean* é importante prover a segurança do trabalho e a confiança mútua entre funcionários e gestão, além da integração entre os diferentes grupos de trabalho.

Os eventos *kaizen* objetivam a redução de custos por meio da eliminação de perdas e desperdícios. Esses eventos podem ser estruturados da seguinte forma:

1. preparação do evento: definir o escopo de evento, selecionar área da empresa, escolher equipe e criar o time de atuação;
2. definir objetivo específico e metas do evento *kaizen*;
3. treinar a equipe: revisar as ferramentas e técnicas necessárias, de suporte para o trabalho e para atingir as metas estabelecidas;
4. conhecer a área onde ocorrerá o evento: estudar o *layout*, as condições de trabalho, os registros dos processos etc.;
5. registrar desempenho atual: realizar medições, verificar indicadores e gerar novos dados quando necessário;
6. realizar sessão de *brainstorming* para geração de ideias de melhorias e planos de ação;
7. escolher as principais ideias e sugestões de melhorias a serem implementadas imediatamente considerando a importância do problema e factibilidade da solução;
8. formar subgrupos para implantação e monitoramento dos resultados.

De acordo com Liker (2005, p. 47), os desperdícios combatidos pela produção enxuta são:

- *superprodução*: produção de itens para os quais não há demanda, o que gera perda com excesso de pessoal e de estoque e com os custos de transporte devido ao estoque excessivo;

- *espera* (tempo sem trabalho): funcionários que servem apenas para vigiar uma máquina automática ou que ficam esperando pelo próximo passo no processamento, suprimento, peça etc. ou que simplesmente não têm trabalho para fazer devido à falta de estoque, atrasos no processamento, interrupção do funcionamento de equipamentos e gargalos de capacidade;
- *transporte ou movimentação desnecessários*: movimento de estoque em processo por longas distâncias, criação de transporte ineficiente ou movimentação de materiais, peças ou produtos acabados para dentro ou fora ou entre processos;
- *superprocessamento ou processamento incorreto*: passos desnecessários para processar peças ou processamento ineficiente devido a uma ferramenta ou ao projeto de baixa qualidade do produto, causando movimento desnecessário e produzindo defeitos. Geram-se perdas também quando se oferecem produtos com qualidade superior à que é necessária;
- *excesso de estoque*: excesso de matéria-prima, de estoque em processo ou produtos acabados, causando *lead times* mais longos, obsolescência, produtos danificados, custos de transporte e de armazenagem e atrasos. Além disso, o estoque extra oculta problemas, como desbalanceamento de produção, entregas atrasadas dos fornecedores, defeitos, equipamentos em conserto e longo tempo de *setup* (preparação);
- *movimento desnecessário*: qualquer movimento inútil que os funcionários têm de fazer durante o trabalho, tal como procurar, pegar ou empilhar peças, ferramentas etc. Caminhar também é uma perda desse tipo;
- *defeitos*: consertar ou retrabalhar, descartar ou substituir a produção e inspecionar significam perdas de manuseio, tempo e esforço;
- *perdas da criatividade do funcionário*: perda de tempo, ideias, habilidades, melhorias e oportunidades de aprendizagem por não envolver ou ouvir os funcionários.

Este último tipo de perda não é tão usual de se encontrar na literatura sobre *lean manufacturing*, mas não há qualquer dúvida quanto à sua importância.

O Quadro 6.1 apresenta uma correlação entre princípios e conceitos da produção enxuta com algumas de suas ferramentas.

Embora a produção enxuta gere inúmeros benefícios às organizações, existem alguns desafios e barreiras a serem transpostos na sua implantação, tais como: resistência à mudança, envolvimento da alta direção e existência de um fator motivador para seu *start*.

Programas relacionados à qualidade • 125

Quadro 6.1 Princípios e ferramentas da produção enxuta

Princípios	Ferramentas
Determinar valor para o cliente, identificando cadeia de valor e eliminando desperdícios.	• Mapeamento do fluxo de valor; • Melhoria na relação cliente-fornecedor/redução do número de fornecedores; • Recebimento/fornecimento *just-in-time*.
Trabalho em fluxo/simplificar fluxo.	• Tecnologia de grupo; • Trabalho em fluxo contínuo (*one piece flow*)/redução do tamanho de lote; • Trabalhar de acordo com o *takt time*/produção sincronizada; • Manutenção produtiva total (TPM).
Produção puxada/*just-in-time*.	• *Kanban*; • Redução do tempo de *setup*.
Busca da perfeição.	• *Kaizen*;
Autonomação/qualidade seis sigma.	• Ferramentas de controle da qualidade; • Zero defeito; • Ferramentas *poka yoke*.
Limpeza, ordem e segurança.	• 5S.
Desenvolvimento e capacitação de recursos humanos.	• *Empowerment*; • Trabalho em equipes; • Comprometimento dos funcionários e da alta gerência; • Trabalhado multi-habilitado/rodízio de funções; • Treinamento de pessoal.
Gerenciamento visual.	• Medidas de desempenho/*balanced scorecard*; • Gráficos de controle visuais.
Adaptação de outras áreas da empresa ao pensamento enxuto.	• Modificação de estrutura financeira/custos; • Ferramentas para projeto enxuto (projeto para manufatura e montagem – DFMA etc.).

Fonte: GODINHO FILHO; FERNANDES, 2004.

6.4 Troca rápida de ferramentas (TRF)

A troca rápida de ferramentas (TRF) pode ser descrita como uma metodologia para redução dos tempos de preparação de equipamentos (*setup*), possibilitando a produção econômica em pequenos lotes. A utilização da TRF ajuda na redução dos tempos de atravessamento (*lead times*), possibilitando à empresa uma resposta mais rápida ao mercado. Além disso, a TRF reduz a incidência de erros na regulagem dos equipamentos (FOGLIATO; FAGUNDES, 2003; SHINGO, 2000; HARMON; PETERSON, 1991). Esse é um mecanismo que está fortemente relacionado às técnicas de produção enxuta.

O *lead time* é fator diferencial no custeio de um processo de manufatura. Sua redução resulta em menores custos de operação e agrega inúmeros benefícios a empresas e ao consumidor. Movimentações de materiais por meio de operações mais rápidas resultam em sistema mais enxuto e produtivo. A redução do *lead time* proporciona maior aproximação entre os requisitos do cliente e a resposta da empresa, resultando em sua fidelidade e em menor complexidade gerencial. O tempo ganho com a redução do *lead time* é um investimento na satisfação do consumidor e na redução dos custos da manufatura (FOGLIATO; FAGUNDES, 2003).

A redução do tempo gasto em *setup* é condição necessária para diminuir o custo unitário de preparação. Tal redução é importante por três razões principais:

a) quando o custo de *setup* é alto, os lotes de fabricação tendem a ser grandes, aumentando o investimento em estoques;
b) as técnicas mais rápidas e simples de troca de ferramentas diminuem a possibilidade de erros na regulagem dos equipamentos;
c) a redução do tempo de *setup* resultará em aumento do tempo de operação do equipamento.

A redução do *lead time* está diretamente relacionada à redução dos estoques intermediários, à sincronização da produção e ao tamanho dos lotes de fabricação (HARMON; PETERSON, 1991).

As operações de *setup* podem ser classificadas em três tipos:

- *mainline* (principais): operações que correspondem ao *setup* interno, ou seja, ajustes e reconfigurações do equipamento/processo que precisam ser feitos com a máquina parada (sem estar em funcionamento);
- *offline* (secundárias): operações que correspondem ao *setup* externo, ou seja, os ajustes podem ser realizados com o equipamento em funcionamento, proporcionando menos perda que os *setups mainline*;
- desnecessárias: operações que não contribuem para a melhoria do *setup* e que deveriam ser eliminadas.

Já a estratégia de implantação da TRF pode ser dividida em sete passos básicos (FOGLIATO; FAGUNDES, 2003):

1. determinar o método de preparação de equipamento existente;
2. identificar os elementos de *setup* internos e os externos;
3. converter *setup* interno em externo e reduzir ou eliminar os elementos internos;
4. aplicar a análise de métodos, padronização e prática dos *setups;*
5. eliminar os ajustes e abolir o próprio *setup;*
6. treinamento e qualificação do operador;
7. eliminação total ou realização automática do *setup.*

6.5 *Balanced scorecard* (BSC)

O BSC é um sistema de gestão de estratégias organizacionais com visão a longo prazo. Seu foco está no gerenciamento e comunicação de metas e objetivos por meio de um preciso acompanhamento de indicadores de desempenho ao longo de toda a estrutura da empresa.

O termo *balanced* (balanceado) enfatiza o equilíbrio entre objetivos de curto e de longo prazo, medidas financeiras e não financeiras e entre as demais perspectivas que tratam de aspectos internos e externos da organização. O termo *scorecard* (cartão de pontuação ou placar) está relacionado à apresentação dos resultados dos indicadores nos períodos analisados.

É um sistema de gestão com base em indicadores que avalia o desempenho da empresa, traduzindo sua missão e estratégias em medidas e objetivos organizados em quatro perspectivas: financeira, clientes, processos internos e aprendizado e crescimento (Figura 6.5).

Kaplan e Norton (1997) dizem que o BSC deve traduzir a visão e as estratégias da empresa em formas de ação. Ele tem como principais propósitos a solução de problemas de avaliação de desempenho, a implementação de novas estratégias e alinhamento das unidades de negócio.

A capacidade de comunicação do BSC permite que a estratégia seja conhecida e praticada por todos, o que possibilita o alinhamento dos esforços da corporação. Esse mecanismo permite melhor aproveitamento das experiências de cada funcionário ou da unidade organizacional.

O grande mérito do BSC é tornar a estratégia uma responsabilidade de todos, fazendo dela um processo contínuo e autogerenciável, mostrando as necessidades de revisões de metas, mudanças de objetivos, enfim, um processo de aprendizado, criação de valores tangíveis e intangíveis, proporcionando o crescimento das empresas que o adotam.

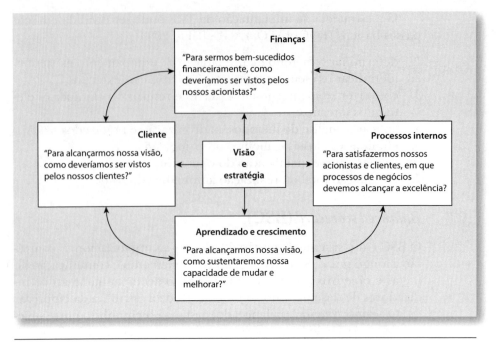

Figura 6.5 • Perspectivas do BSC.
Fonte: KAPLAN; NORTON, 1997.

As quatro perspectivas referenciadas por Kaplan e Norton (2004) têm as seguintes características:

- *perspectiva financeira*: mede o resultado que o negócio proporciona a seus acionistas;
- *perspectiva do cliente*: como a empresa se diferencia dos concorrentes para atrair, reter e aprofundar o relacionamento com os clientes almejados;
- *perspectiva dos processos internos*: define as atividades necessárias à criação de valor para os clientes e ao desenvolvimento da diferenciação em relação aos concorrentes;
- *perspectiva do aprendizado e crescimento*: a capacidade de executar os processos de negócio internos de forma inovadora e diferenciada dependerá da infraestrutura organizacional; das habilidades, capacidades e conhecimentos dos empregados; das tecnologias utilizadas e do clima do ambiente de trabalho.

Nenhum sistema pode funcionar bem com base em instruções puramente de cima para baixo. Os planos formulados no mais alto escalão da empresa, em geral, são difíceis de aplicar. Os operadores que atuam nos níveis mais baixos podem entender a linguagem da estratégia em um contexto abstrato, mas raramente sabem o que precisam fazer para transformá-la em realidade. É necessário ter consciência disso quando da fase de planejamento do desenvolvimento e implantação do BSC (HIKAGE; OLIVEIRA, 2007).

A implantação da estratégia deve começar pela capacitação e envolvimento das pessoas que devem executá-la e ser monitorada por meio de indicadores de desempenho, que são a métrica que fornece informações úteis sobre o estado do processo. Os indicadores permitem acompanhar o andamento de um processo, identificando riscos em potencial e problemas antes de se tornarem críticos, e controlar qualidade e produtividade.

Indicadores tradicionais não são mais capazes de explicitar sozinhos a realidade de uma empresa. As medidas tradicionais de caráter financeiro-contábil apresentam falta de flexibilidade, elevado custo, inadequação ao atual ambiente competitivo, rápida desatualização e dificuldade de quantificação dos melhoramentos em termos monetários, tais como redução do *lead time*,[1] satisfação do cliente, qualidade do produto etc. (GHALAYINI; NOBLE, 1996).

Uma quantidade pequena de indicadores pode resultar numa visão limitada da organização, enquanto uma grande quantidade pode tornar muito complexa a tarefa de colher e interpretar os dados, além de demandar grande disponibilidade de mão de obra especializada (HIKAGE; OLIVEIRA, 2007).

Para operacionalizar o BSC, é comum utilizar o mapa estratégico, que é um instrumento apropriado para a descrição gráfica da estratégia de maneira coesiva, integrada e sistemática, sendo, assim, essencial para viabilizar o desenvolvimento e manutenção desse sistema em uma organização. É um elemento que possibilita fácil visualização das interdependências entre as perspectivas e as atividades que as compõem.

Ele auxilia na observação das relações de causa e efeito entre perspectivas, estratégias, objetivos e atividades. Essa característica solicita a utilização do raciocínio sistêmico e dinâmico e o mapa estratégico é um instrumento que o viabiliza. A partir dele, profissionais dos diversos setores passam a entender melhor como as peças se encaixam, como seus papéis influenciam outras pessoas e, por fim, passam a enxergar a empresa como um todo (KAPLAN; NORTON, 1997).

A concepção do mapa estratégico deve se realizar do geral para o particular (*top-down*), conforme apresentado na Figura 6.6, porém o processo de sua aplicação acontece na direção inversa.

---

[1] Tempo decorrido entre o início (pedido) de um processo e seu término (entrega do produto ou serviço pronto).

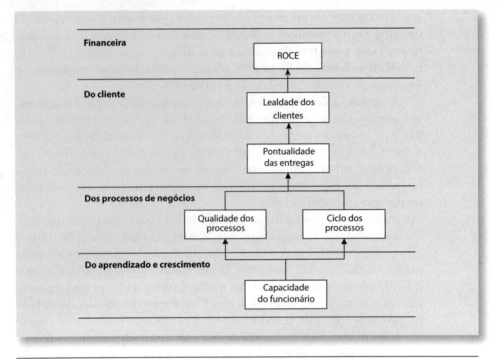

Figura 6.6 • Relação de causa e efeito a partir do mapa estratégico simplificado.
Fonte: KAPLAN; NORTON, 1997.

Pode-se verificar, como exemplo, que, para atingir o objetivo *return on capital employed* (ROCE), ou aumento do retorno sobre o capital investido, se inicia pela perspectiva do aprendizado e crescimento, atuando na melhoria da capacidade do funcionário. Isso, consequentemente, provocará melhoria na qualidade dos processos, que, por sua vez, promoverá a pontualidade das entregas, aumentando a lealdade dos clientes. Espera-se, dessa forma, um aumento do ROCE.

Sugerem-se as seguintes etapas para a elaboração de um mapa estratégico (KAPLAN; NORTON, 1997):

- selecionar a unidade organizacional adequada;
- identificar as relações entre a unidade de negócios e a corporação;
- realizar a primeira série de entrevistas;
- sessão de síntese;
- *workshop* executivo;
- reuniões dos subgrupos;
- *workshop* executivo – segunda etapa;

- desenvolver plano de implementação;
- *workshop* executivo – terceira etapa;
- finalizar o plano de implementação.

6.6 Prêmio Nacional da Qualidade (PNQ)

Governos e empresas reconhecem que a qualidade é essencial para o ganho de vantagens competitivas internacionais diante da globalização. Os Prêmios Nacionais de Qualidade são uma maneira que os países encontraram para promover a qualidade em nível nacional (TAN, 2002).

Em 1991, representantes de 39 organizações brasileiras dos setores público e privado fundaram a Fundação para o Prêmio Nacional da Qualidade® (FPNQ), uma entidade sem fins lucrativos responsável por administrar o PNQ e suas atividades decorrentes. A partir de 2005, após ter estabelecido o PNQ, seguindo as melhores práticas mundiais, a FNPQ lançou um novo projeto cujo objetivo era se tornar um grande centro mundial de estudo, debate e divulgação de conhecimento sobre excelência de gestão. Ao deixar de ter somente a promoção do PNQ como função, passou a se chamar Fundação Nacional da Qualidade (FNQ).

O PNQ é um reconhecimento público e notório da excelência da qualidade da gestão de empresas sediadas no Brasil. O prêmio reconhece empresas de classe mundial, ou seja, empresas que estão entre as melhores do mundo em gestão organizacional. A primeira edição do PNQ foi realizada em 1992. Atualmente, cinco categorias de empresas são avaliadas anualmente: grandes empresas, médias empresas, pequenas e microempresas, organizações sem fins lucrativos e organizações da administração pública (FNQ, 2013).

Além do reconhecimento da excelência da qualidade da gestão das organizações, os principais objetivos da premiação são: estimular o desenvolvimento cultural, político, científico, tecnológico, econômico e social do Brasil; proporcionar às empresas um modelo para aperfeiçoamento contínuo e, por meio do *benchmarking*, divulgar as práticas de gestão bem-sucedidas (FNQ, 2013). O PNQ baseia-se em pontuações para oito critérios de excelência subdivididos em 27 itens, conforme a Tabela 6.2.

A FNQ desenvolveu o Modelo de Excelência da Gestão® (MEG), que se baseia em 11 fundamentos, definidos como os pilares ou base teórica da gestão, e em oito critérios pelos quais os fundamentos são colocados em prática, constituindo um modelo sistêmico de gestão. Esse modelo utiliza o ciclo PDCL (*plan-do-check-learn*, ou planejar, implementar, checar, aprender) para aprendizagem e melhoria contínua (FNQ, 2013).

Tabela 6.2 Critérios de excelência do PNQ e seus subitens.

CRITÉRIO 1 – Liderança	110
1.1 - Sistema de liderança	40
1.2 - Cultura da excelência	40
1.3 - Análise crítica do desempenho da organização	30
CRITÉRIO 2 – Estratégias e planos	60
2.1 - Formulação das estratégias	30
2.2 - Implementação das estratégias	30
CRITÉRIO – Clientes	60
3.1 - Imagem e conhecimento de mercado	30
3.2 - Relacionamento com clientes	30
CRITÉRIO 4 – Sociedade	60
4.1 - Responsabilidade socioambiental	30
4.2 - Ética e desenvolvimento social	30
CRITÉRIO 5 – Informações e conhecimento	60
5.1 - Informações da organização	20
5.2 - Informações comparativas	20
5.3 - Ativos intangíveis	20
CRITÉRIO 6 – Pessoas	90
6.1 - Sistemas de trabalho	30
6.2 - Capacitação e desenvolvimento	30
6.3 - Qualidade de vida	30
CRITÉRIO 7 – Processos	110
7.1 - Processos principais do negócio e dos processos de apoio	50
7.2 - Processos de relacionamento com os fornecedores	30
7.3 - Processos econômico-financeiros	30
CRITÉRIO 8 – Resultados da organização	450
8.1 - Resultados econômico-financeiros	100
8.2 - Resultados relativos aos clientes e ao mercado	100
8.3 - Resultados relativos à sociedade	60
8.4 - Resultados relativos às pessoas	60
8.5 - Resultados dos processos principais do negócio e dos processos de apoio	100
8.6 - Resultados relativos aos fornecedores	30
Total de pontos possíveis	1.000

Fonte: FNQ, 2013.

A Figura 6.7 representa o MEG® e os itens de excelência dos seus critérios.

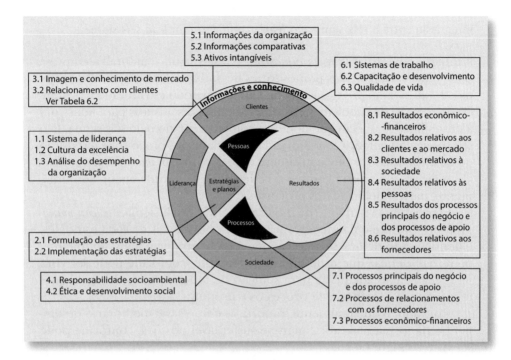

Figura 6.7 • Relação do Modelo de Excelência de Gestão® e seus subcritérios.
Fonte: OLIVEIRA; MARTINS, 2008.

Os fundamentos do MEG® englobam os seguintes itens: pensamento sistêmico, aprendizado organizacional, cultura de inovação, liderança e constância de propósito, orientação por processos e informações, visão de futuro, geração de valor, valorização do pessoal, conhecimento sobre o cliente e o mercado, desenvolvimento de parcerias e responsabilidade social.

Cauchick Miguel (2001) afirma que o PNQ contribuiu para a melhoria da qualidade no Brasil. Continuando o movimento da qualidade, o programa ajuda as organizações a melhorarem sua qualidade, produtividade e operações. No entanto, existem algumas barreiras para o uso do programa desse prêmio, tais como: significantes recursos necessários para elaborar um relatório escrito; medo da avaliação; incerteza de como o prêmio se adapta aos atuais esforços de planejamento e melhoria da empresa e falta de comprometimento em usar o resultado da avaliação para evoluir.

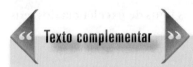
Texto complementar

Integração entre o seis sigma e o *lean manufacturing*: *lean* seis sigma

A integração entre o *lean manufacturing* e o seis sigma é natural: a empresa pode e deve usufruir dos pontos fortes de ambas as estratégias. Por exemplo, o *lean manufacturing* não conta com um método estruturado e profundo de solução de problemas e com ferramentas estatísticas para lidar com a variabilidade, aspecto que pode ser complementado pelo seis sigma. Já o seis sigma não enfatiza a melhoria da velocidade dos processos e a redução do *lead time*, aspectos que constituem o núcleo do *lean manufacturing*.

A Figura 6.8 mostra como o seis sigma e o *lean* contribuem, conjuntamente, para a melhoria dos processos.

O programa resultante da integração entre o seis sigma e o *lean manufacturing*, por meio da incorporação dos pontos fortes de cada um deles, é denominado de *lean* seis sigma, que é uma estratégia mais abrangente, poderosa e eficaz que cada uma isoladamente, conforme pode ser visto na Figura 6.9, e adequada para solução de todos os tipos de problemas relacionados à melhoria de processos e produtos.

Contudo, o que realmente importa às empresas é melhorar o desempenho da forma mais abrangente e sustentável possível, conforme pode ser visto na Figura 6.10.

Fonte: Adaptado de WERKEMA, 2012.

Figura 6.8 • Como o seis sigma e o *lean* contribuem para melhoria dos processos.
Fonte: WERKEMA, 2012.

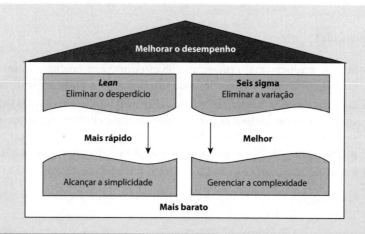

Figura 6.9 • *Lean* seis sigma: solução híbrida cuja funcionalidade supera a soma das suas partes.
Fonte: WERKEMA, 2012.

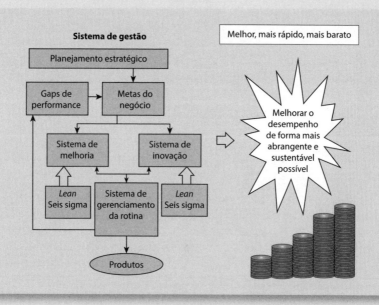

Figura 6.10 • *Lean* seis sigma como ferramenta para melhoria do desempenho do negócio.
Fonte: WERKEMA, 2012.

Atividades

1. Simule a aplicação do programa 5S em uma pequena lanchonete. Procure dar exemplos de como cada um dos sensos pode ser utilizado.
2. Discuta quais as principais características da aplicação do DMAIC em um projeto de melhoria no atendimento de clientes em uma loja de sapatos que teve muitas reclamações em relação à demora no atendimento (apresentação dos sapatos, busca no estoque e pagamento).
3. Formule um mapa estratégico básico para um restaurante.

capítulo 7

Qualidade e as principais funções da organização

As empresas atuam como sistema, ou seja, possuem partes que interagem entre si e se interdependem e, quando trabalham de forma estruturada, possibilitam a conquista de melhores objetivos e resultados.

Considera-se que as partes de uma empresa – produção, marketing, vendas, recursos humanos, projetos etc. – são suas principais funções/departamentos. Alguns destes, então, serão abordados, neste capítulo, do prisma da qualidade, pois, se eles forem desenvolvidos com base nos conceitos apresentados a seguir, toda a empresa será beneficiada.

7.1 Qualidade na produção

A atividade de produção, tanto de bens como de serviços, é uma das funções mais importantes de qualquer empresa, se não a mais importante delas, e, portanto, merece especial atenção em relação à gestão da qualidade.

Grande parte das teorias e dos instrumentos da qualidade foi desenvolvida para esta função específica da administração de uma empresa. Isso facilita a utilização deste ferramental nas atividades de produção.

Diversos são os instrumentos disponíveis para garantir a gestão e o controle da qualidade na produção, destacando-se as ferramentas e os programas relacionados à qualidade.

Contudo, as instruções de trabalho, os registros da qualidade, as inspeções, os indicadores e os *poka yoke* são os instrumentos mais eficazes para auxiliar no controle do processo produtivo e, por consequência, na relação da qualidade com a produção. Tudo isso somado, obviamente, ao bom desempenho de uma mão de obra bem capacitada e motivada.

Por fim, lembre-se de que uma das visões da qualidade está relacionada ao perfeito atendimento às especificações e ao projeto (abordagem baseada na produção), ou seja, a redução da variabilidade de produtos e serviços comercializados. Este é um casamento perfeito, pois, quanto melhor é o sistema de produção, melhor será a qualidade e vice-versa.

7.2 Qualidade e o marketing

A American Marketing Association (apud COBRA, 1992, p. 23) define marketing como "o processo de planejamento e execução, desde a concepção, apreçamento, promoção e distribuição de ideias, mercadorias e serviços para criar trocas que satisfaçam os objetivos individuais e organizacionais".

Já para Kotler (2000, p. 30), "marketing é um processo social por meio do qual as pessoas e os grupos de pessoas obtêm aquilo de que necessitam e o que desejam com a criação, oferta e livre negociação de produtos e serviços de valor com outros".

Para Las Casas (1997, p. 26),

> [...] marketing é a área do conhecimento que engloba todas as atividades concernentes às relações dos consumidores, visando alcançar determinados objetivos de empresas ou indivíduos, considerando sempre o meio ambiente de atuação e o impacto que essas relações causam no bem-estar da sociedade.

O grande aspecto em comum, explícito ou implícito, na maioria das definições de marketing é a busca pela satisfação dos clientes e, como consequência disso, evidencia-se a necessidade de identificação das suas necessidades (MCKENNA, 1993).

De acordo com Richers (1996), as grandes funções básicas do marketing são: análise, adaptação, ativação e avaliação. A análise é utilizada para compreender as forças vigentes no ambiente em que opera ou pretende operar a empresa; a adaptação tem o objetivo de ajustar a oferta de produtos e serviços às forças externas detectadas por meio da análise; a ativação é o conjunto de medidas destinadas a fazer que o produto atinja os mercados predefinidos e seja adquirido pelos clientes com a frequência desejada; e, por fim, a avaliação é o controle sobre os processos de comercialização e interpretação dos resultados a fim de racionalizar os futuros processos de marketing.

Kotler (1999) salienta que a maior parte dos mercados é grande demais para que uma única organização possa atender as suas necessidades. Assim, é necessário restringir o público-alvo por meio de segmentação. Desta forma, é possível empreender esforços concentrados para atender as necessidades de um grupo com características mais similares.

Westwood (1997, p. 71) afirma que "diferentes clientes têm diferentes necessidades. Nem todos exigem o mesmo produto e nem todos exigem os mesmos benefícios do produto. Mesmo em relação a um produto individual, nem todos os clientes o comprarão pelos mesmos motivos".

Um sistema de marketing é, geralmente, subdividido em um composto que contempla os seguintes aspectos: produto, distribuição, preço e promoção (KOTLER, 2000).

Ainda de acordo com o mesmo autor, o produto é algo que pode ser oferecido a um mercado para aquisição ou consumo, incluindo-se objetos físicos, serviços, lugares, organizações e ideias. Levando-se em conta as definições e os objetivos do marketing, a tarefa maior de um produto é satisfazer as necessidades do mercado.

A distribuição tem de satisfazer e, de preferência, superar as necessidades do consumidor. A função básica de um canal de distribuição é escoar a produção de bens em geral, sejam eles de consumo, industriais ou de serviço.

Já o preço é um valor determinado para o pagamento de um produto ou serviço, incluindo-se todos os custos de produção e o lucro da empresa. Já para o consumidor, está relacionado à qualidade e ao nível de satisfação que o produto pode oferecer.

O preço é um dos principais fatores do composto mercadológico e, apesar de outros fatores influenciarem na decisão de compra, há um limite dentro do qual o preço é o fator decisivo para a motivação de compra do consumidor.

A promoção está relacionada aos instrumentos que estão à disposição de quem está vendendo, cujo papel principal é o da comunicação persuasiva. É dividida basicamente em propaganda, relações públicas, promoção de vendas e *merchandising*.

A propaganda é uma ferramenta que se utiliza das mídias mais tradicionais disponíveis no mercado, enquanto a promoção é o incentivo e recompensa para induzir o impulso no momento da compra. O *merchandising* é um trabalho de comunicação desenvolvido no ponto de venda com o objetivo de incrementá-lo, e as relações públicas são instrumentos institucionais, e mesmo individuais, que procuram estar continuamente promovendo a imagem dos produtos e da própria organização.

De acordo com Neves Jr. (2004), são vários os aspectos que influenciam a decisão dos clientes em relação à compra de determinado produto ou serviço, como: a facilidade de acesso ou de estacionamento no ponto de venda, facilidade de contato (cumprimento de horários, estrutura telefônica bem dimensionada etc.), atendimento (gentil e eficaz do profissional e de toda a equipe – secretárias, atendentes, telefonistas etc.), ambiente agradável (refrigerado, confortável etc.), banheiro para clientes (impecável), horários (interessantes e oportunos para atendimento), atendimento no horário marcado (cumprimento de promessas), agilidade no atendimento, eficácia na resolução do problema etc.

A relação do marketing com a gestão da qualidade é bastante estreita, pois ambos têm um enfoque no mesmo elemento, o cliente, e executam muitos processos e usam muitas ferramentas em comum, das quais se destacam a determinação dos requisitos (necessidades) dos clientes, a medição de sua satisfação etc.

O marketing é um poderoso instrumento para gerar satisfação e auxiliar no atendimento das expectativas dos clientes e, portanto, é um elemento que pode ajudar muito na gestão da qualidade como um todo.

7.3 Qualidade e o desenvolvimento de produto e projetos

A qualidade não pode ser alcançada apenas com a verificação de conformidade dos resultados parciais em pontos escolhidos do processo. Ela é muito mais que isso e exige que esses processos sejam concebidos de forma a maximizar a produção de bens e serviços, atendendo com perfeição as especificações. Este é o conceito de qualidade total.

Seu objetivo é garantir qualidade em cada atividade realizada e evitar erros, de modo a produzir certo desde a primeira vez até eliminar a necessidade de inspeções. As inspeções perdem sentido ou tornam-se menos importantes quando cada executor entrega seus resultados sem defeitos para o cliente interno seguinte.

Para o estabelecimento da qualidade total é fundamental o desenvolvimento de especificações precisas e exequíveis. Aqui entra a questão do desenvolvimento de produtos e o projeto de sua produção.

De acordo com Nascimento (2004), o processo de gerar as especificações de um produto está intimamente atrelado ao desenvolvimento do produto. Por meio desse processo, necessidades e desejos do cliente, denominados requisitos, são transformados em especificações do produto e do processo. Tais especificações definem as características que permitirão reproduzi-las. Isso implica a adequação das especificações ao ambiente operacional de produção ou aos requisitos de manufaturabilidade.

Não há uma estimativa consensual das informações, mas é comum entre especialistas avaliar que de 60% a 80% dos custos unitários e da qualidade final do produto são estabelecidos no projeto, sobrando o restante para o processo de melhoria contínua (NASCIMENTO, 2004).

A primeira geração de processos de inovação nasceu da necessidade de coordenação das atividades técnicas complexas dos grandes projetos de engenharia. Essa maneira de gerenciar projetos foi sendo incorporada à gestão de projetos do setor privado. Esses processos foram inspirados no sistema de etapas e revisões de projeto de engenharia criado pela Nasa (National Aeronautics and Space Administration, ou Administração Nacional do Espaço e da Aeronáutica, Estados Unidos) para seus programas espaciais nos anos 1960. Nesse método de gestão, divide-se um projeto em algumas etapas com objetivos técnicos intermediários bem definidos.

Ao final de cada etapa realiza-se uma avaliação do cumprimento dos objetivos das etapas anteriores, os rumos são corrigidos e inicia-se a próxima etapa até que o sistema esteja pronto para o lançamento, nesse caso, literalmente, um lançamento espacial. Nesse sistema, a Nasa era o cliente final e era ela quem definia quanto se podia gastar, o que exatamente o sistema precisaria ser capaz de realizar em termos técnicos e em qual ambiente deveria operar.

O sistema de organizar o projeto em etapas e revisões permite dividir e programar os investimentos conforme vão se adquirindo informações que permitam avaliar cada vez melhor o seu risco.

Em linhas gerais, de acordo com Oliveira e Melhado (2006), o projeto de um produto ou um serviço deve informar o design e as características físicas do produto, permitir a introdução de inovações tecnológicas, reduzir a existência de problemas durante seu uso, garantir características de qualidade e racionalidade, gerando, dessa forma, reflexos positivos na adequação ao uso, redução do *lead time* total de fabricação e redução dos seus custos finais. Devendo, ainda, observar a segurança da mão de obra que o executa e a preservação do meio ambiente, tanto na fase de fabricação como de seu uso. O projeto passa, então, a ter o encargo fundamental de agregar eficiência e qualidade ao produto.

Portanto, o projeto deve ser entendido como uma atividade ou serviço responsável pelo desenvolvimento, organização, registro e transmissão das características físicas e tecnológicas especificadas do produto, a serem consideradas na fase de execução e, também, como as informações necessárias para subsidiar os processos efetivamente operacionais, incluindo-se os fluxos de materiais e de informações.

Quanto mais cedo forem detectados os potenciais problemas relativos à fabricação do produto a partir das informações fornecidas pelos clientes e do amadurecimento das soluções projetuais, maior será a capacidade de influenciar positivamente os custos, desde que implantadas as soluções pertinentes.

É necessária, portanto, a eficaz coordenação das informações trocadas entre os agentes intervenientes (projetistas, clientes, agências fiscalizadoras, investidores, pessoal de marketing etc.) para que esse processo de projeto transcorra de maneira mais integrada. As falhas nas comunicações constituem uma das maiores causas de insatisfação com relação aos projetos, gerando retrabalhos e consequente desperdício de tempo e recursos.

Denomina-se engenharia simultânea o trabalho paralelo e simultâneo dos projetistas de diversas especialidades (mecânicos, eletricistas, pneumáticos, eletrônicos etc.) que, muitas vezes, estão locados em lugares distintos, objetivando a redução do tempo de desenvolvimento do produto, sua maior manufaturabilidade, maior adequação ao uso e redução dos seus custos de fabricação.

Para o perfeito planejamento e controle do andamento das atividades de desenvolvimento do projeto é necessário entender e identificar as interações existentes entre elas, sempre se tomando por base o escopo do projeto definido pela empresa.

Quando o resultado de uma atividade (ou parte dela) é a entrada para a atividade seguinte, elas são consideradas sequenciais e interdependentes. Quando duas ou mais atividades podem ser executadas paralelamente sem comprometimento de seu resultado, são consideradas atividades paralelas e independentes.

Inicialmente, aconselha-se a confecção de uma lista sequencial das atividades que comporão o desenvolvimento do projeto, identificando-se, desde o início dos trabalhos de programação, as atividades interdependentes e independentes. Nessa etapa, ainda não é necessário ter alto grau de exatidão em relação a prazos e custos; trata-se apenas de uma tentativa de visualização geral do fluxo de atividades e suas relações de precedência para posterior detalhamento do planejamento da execução do projeto.

A partir do fluxo geral, deve-se avançar no detalhamento individual de cada tarefa, conforme descrito no parágrafo anterior, e, pensando sistemicamente, para otimizar principalmente a utilização dos recursos humanos, deve-se dar início às estimativas de necessidade de mão de obra nos seus mais diversos níveis, considerando a complexidade e duração dessas atividades.

É importante frisar que a alocação do trabalho deve observar rigorosamente a capacidade dos funcionários, ou seja, não se deve atribuir mais trabalho do que um funcionário possa realmente desenvolver, sob pena de comprometer a qualidade do serviço, nem se deve atribuir uma carga de trabalho muito abaixo de sua capacidade, sob pena de comprometer os custos totais do projeto e o desempenho da empresa.

Para garantir a qualidade é necessário que o processo de desenvolvimento do produto ou serviço, o que inclui seu projeto, considere efetivamente as necessidades e expectativas dos clientes internos e externos.

7.4 Qualidade e os recursos humanos

A administração de recursos humanos (RH) pode ser definida como práticas e políticas necessárias para conduzir os aspectos relacionados às pessoas no trabalho de gerenciamento das contratações, treinamentos, avaliação de desempenho e remuneração, oferecendo um ambiente desafiador e saudável aos funcionários de uma empresa (DESSLER, 2003).

As melhores práticas de RH, para muitas empresas no contexto da mudança, relacionam-se à contratação altamente seletiva, equipes de trabalho e tomadas de decisão descentralizadas, salários adequados, treinamento extensivo, diminuição das diferenças de *status* e muito compartilhamento de informações entre funcionários e gerência. Todas essas práticas precisam considerar as pessoas como fonte de vantagem competitiva.

A contratação inicia-se por meio do recrutamento, que é um método utilizado pelas empresas para atrair e cadastrar candidatos capazes de atender aos requisitos de uma vaga oferecida. Este método pode ser dividido em seis etapas (PONTELO; CRUZ, 2006):

- levantamento das necessidades reais de contratação de novos funcionários;
- identificação do cargo e função a serem oferecidos no mercado;
- identificação do perfil ideal para ocupar a vaga oferecida;
- escolha do método de seleção e critérios de avaliação dos candidatos;
- identificação da região, estado ou cidade onde pretende-se realizar o recrutamento;
- definição dos meios de divulgação.

Após a realização do recrutamento, realiza-se o processo de seleção, que tem como objetivo escolher, entre os candidatos atraídos pelo recrutamento, aqueles que correspondem ao perfil do cargo desejado pela empresa. O processo de seleção inclui análise curricular, entrevistas em grupo, entrevista técnica e com o responsável pela organização (PONTELO; CRUZ, 2006).

As principais armadilhas no momento de recrutar e selecionar pessoas envolvem: pressa em recrutar, falta de percepção dos talentos, tratar as pessoas como mercadoria e ter medo de contratar pessoas mais talentosas do que o próprio contratante (BOHLANDER; SNELL; SHERMAN, 2003).

As competências essenciais pelas quais as organizações poderiam nortear-se durante o processo de recrutamento e seleção são:

- habilidades de liderança bem desenvolvidas;
- habilidade de ressaltar boas atitudes e comportamentos;
- capacidade de exercer influência no trabalho e nas pessoas;
- talento de manter parcerias de sucesso;
- potencial de rápida adaptação às mudanças internas e externas, assimilando que as mudanças estão presentes na organização (DAVIDSON, 2004).

Outro elemento do RH é a educação, que tem como finalidade básica a promoção do desenvolvimento das competências empresariais e humanas consideradas essenciais para a viabilização das estratégias de negócios de uma forma sistemática, estratégica e contínua (EBOLI; HOURNEAUX; MANCINI, 2005).

Contempla também o processo de treinamento, que pode ser definido como o conjunto de métodos usados para transmitir aos funcionários novos e antigos as habilidades necessárias para o desempenho do trabalho (DESSLER, 2003). Sugerem-se cinco passos para um processo de treinamento eficiente: levantamento das necessidades, projeto instrucional (adequação de materiais e recursos), validação (apresentação do treinamento a um público significativo), implantação e avaliação/*follow up* (reação, aprendizado, comportamento e resultados).

Todos esses processos que compõem a gestão de recursos humanos são fundamentais para garantir a gestão da qualidade em uma organização. Os recursos humanos são a mola mestra para o projeto, fabricação e distribuição de produtos e serviços com as características desejadas pelo cliente. Precisa-se de funcionários capacitados e motivados para que se alcance a excelência.

7.5 Qualidade e os suprimentos e a terceirização

Os fornecedores devem estar alinhados e atender as necessidades de seus contratantes, pois, caso contrário, podem se tornar um grande problema, gerando aumento de gastos em razão da falta de qualidade dos produtos e queda na produtividade dos serviços (SERRA, 2004).

As etapas críticas para a gestão eficiente da cadeia de suprimentos são: especificação dos materiais, fluxo de suprimentos, fornecedores, negociação, comunicação e informação. Deve existir uma constante preocupação dos agentes envolvidos quanto à análise sistêmica do processo de aquisição de suprimentos, principalmente em relação à gestão da qualidade.

Saber lidar com a complexidade dos produtos e serviços é essencial para a competitividade empresarial. Em face do atual cenário, é necessário decidir o que a empresa deve fabricar e o que ela deve comprar de fora, caracterizando a decisão sobre o nível de integração vertical que deseja adotar. De um modo geral, a essência da estratégia de integração vertical consiste em definir se uma empresa vai "fazer ou comprar" seus insumos básicos, componentes ou serviços auxiliares.

A decisão de integrar verticalmente uma empresa deve ultrapassar uma simples análise de custos e investimentos. Para isso devem ser considerados elementos estratégicos mais amplos da integração em comparação com o uso de transações de mercado, bem como com alguns problemas administrativos que surgem e que podem afetar o sucesso dessa empresa.

Se a empresa resolver "integrar", a questão principal passa a ser como se auto-organizar para completar o seu trabalho. Se por outro lado a organização decide adquirir alguns insumos, a questão passa a ser como gerenciar eficientemente esses relacionamentos (SERRA, 2004).

Existem quatro estratégias genéricas de integração vertical, e cada uma representa diferentes graus de aversão ao risco, desejos de controle e objetivos em termos de fatia de mercado ou de lucros de longo prazo (HARRIGAN apud VILLACRESES, 1995). Essas estratégias são:

- integração total: as empresas compram ou vendem entre si todos os requerimentos de um serviço ou material em particular (insumos, mão de obra especializada etc.);
- integração parcial: as empresas obtêm parte de seus requerimentos externamente;
- quase integração: é o estabelecimento de uma relação entre os negócios verticalmente relacionados, situando-se entre os contratos a longo prazo e a propriedade integral;
- não integração: as empresas simplesmente adquirem todas as matérias-primas, componentes e serviços, conforme a sua necessidade.

Algumas empresas japonesas constataram que muitas causas de problemas de qualidade extrapolavam suas fronteiras, originando-se em seus fornecedores ou em estágios anteriores da cadeia produtiva. Dessa forma, passaram a adotar mecanismos para controlar a interface entre elas. Esse procedimento tornou-se um meio para o crescimento, não apenas pela garantia do lucro, mas como forma de assegurar a qualidade do processo (SERRA, 2004).

O custo da qualidade pode ser decorrente da não conformidade de fornecedores de materiais, produtos e serviços, em razão, por exemplo, de possíveis atrasos de fornecimento, do não atendimento das especificações, da desqualificação da mão de obra, da impossibilidade de produção dos lotes pedidos, da quantidade elevada dos retrabalhos, das dificuldades financeiras do fornecedor etc.

Uma forma de minimizar esse problema é a aquisição de produtos certificados que, apesar de algumas vezes se apresentarem mais caros, diminuem os custos do controle de comprovação e garantem mais qualidade e produtividade à produção.

Atualmente, a terceirização está presente durante todo o ciclo do processo produtivo, não ficando restrita apenas a serviços, mas podendo atingir a produção de bens ou produtos. É vital o conhecimento de quais são as atividades que podem ser terceirizadas ou devem ser mantidas sob o controle da empresa. Deve-se procurar a opção que apresente maior ganho, seja por redução de custo, aumento da qualidade, acesso a novas tecnologias ou liberação de recursos para as atividades-fim.

De qualquer forma, qualquer decisão tomada em relação a essa questão deve partir do princípio de que os fornecedores são importantes parceiros para a construção da qualidade.

7.6 Qualidade de vida no trabalho

A qualidade de vida no trabalho (QVT) é um conjunto de ações que envolvem diagnósticos e implantação de melhorias e inovações gerenciais, tecnológicas e estruturais, dentro e fora do ambiente de trabalho, visando propiciar condições plenas de desenvolvimento humano para a realização do trabalho (LIMONGI-FRANÇA; OLIVEIRA, 2005).

Mesmo sendo os programas de QVT ainda pouco utilizados, sobretudo no Brasil, as empresas que os implantam proporcionam a seus funcionários maior estabilidade emocional, maior produtividade, motivação para o trabalho, melhor relacionamento entre os funcionários e maior tolerância ao estresse (SCHIRRMEISTER, 2006).

Porém é necessário ter a preocupação com a padronização de modelos de QVT, principalmente no caso das filiais, já que estas apresentam necessidades diferentes. É importante que sejam geridas de forma própria em virtude de suas características particulares e regionalismos. Tais programas apresentam os seguintes benefícios: diminuição da rotatividade e absenteísmo, menor custo de saúde assistencial e menor número de acidentes (LIMONGI-FRANÇA; OLIVEIRA, 2005; VASCONCELOS, 2001).

O sucesso de um programa de qualidade de vida no trabalho está intimamente vinculado ao efetivo comprometimento dos funcionários e da alta administração e a seu caráter de longo prazo, contrapondo-se aos pacotes de sucesso fácil disponíveis no mercado, que promovem apenas efeitos momentâneos e sem profundidade na empresa.

O desempenho da QVT pode ser verificado a partir dos seguintes elementos: compensação justa e adequada, segurança e saúde nas condições de trabalho (carga horária regulamentada, condições físicas e limite de idade observados), oportunidades para utilização e desenvolvimento das capacidades humanas, oportunidade de crescimento contínuo e garantia profissional, integração social na organização, constitucionalismo (liberdade de expressão, equidade, privacidade e direito de recurso), trabalho e espaço total de vida (equilíbrio entre o trabalho e a vida privada) e relevância social no trabalho (reputação, imagem e práticas corporativas da organização) (CARVALHO, 2004).

Algumas formas de gestão geram estresse excessivo, pois causam desconforto no ambiente de trabalho. Assim, uma gestão democrática enfatiza o interesse pelas relações sociais e políticas de trabalho, a tomada conjunta de decisões, a interdependência e a liberdade, ao contrário de uma gestão mais autoritária, que enfatiza a tarefa, o uso excessivo do poder e o comando autoritário.

Os profissionais com melhor qualificação e que exercem maior controle e autonomia sobre o processo de trabalho apresentam melhores condições para enfrentar situações causadoras de desgaste mental.

Qualquer acidente ou doença que venha a ocorrer na organização suscita um clima de insegurança e provoca perda de qualidade de vida no trabalho. Outro fator que contribui significativamente para isso é a realização constante e excessiva de horas extras. A redução da jornada de trabalho proporciona melhor ajuste entre a vida profissional e particular, oferecendo tempo para cuidados com a saúde, família e outros assuntos. Com isso, melhora-se a qualidade de vida no trabalho e aumenta a produtividade dos trabalhadores.

A observância dos elementos fundamentais dos programas de QVT permite que a força de trabalho esteja em melhor estado mental e físico para o desenvolvimento de suas atividades, o que possibilitará melhores condições para a execução de suas atividades, o que trará reflexos positivos na conquista da qualidade de projetos, processos, produtos e serviços.

Texto complementar

Gestão de pessoas no âmbito da qualidade

Vários acadêmicos advogam a ideia de que a gestão de pessoas constitui um dos principais fatores para uma estratégia de qualidade bem-sucedida. Os processos relacionados à qualidade, antes compreendidos como atividades de inspeção, passaram a fazer parte da estratégia organizacional estendendo as responsabilidades, inicialmente atribuídas ao departamento de produção, para toda a empresa, desde o chão de fábrica até a alta gerência, tornando a qualidade uma função gerencial.

Entre os diversos processos que apoiam as estratégias de qualidade, destacam-se os processos relacionados à gestão de pessoas, que permitem a sinergia entre as equipes, a criação de uma cultura voltada para a qualidade e o envolvimento da força de trabalho na melhoria contínua dos processos. Contudo, as tradicionais estruturas burocráticas administradas pela alta gerência e controladas por meio de rotinas estabelecidas para a manutenção do *status quo* não são capazes de assegurar a eficácia dos programas de qualidade.

O gerenciamento da qualidade não tem lugar para os gerentes autoritários que supervisionam a frequência dos empregados, planejam padrões de operação ou outros meios de gerenciamento com base na imposição ou no medo. Existe a necessidade de estruturas flexíveis de trabalho com ênfase na autonomia dos funcionários em vez de estruturas verticalizadas. O sucesso dos programas de qualidade não depende exclusivamente de procedimentos, técnicas ou filosofias de gestão, visto que estes representam apenas meios para atingir determinado fim. Para que a organização alcance um desempenho de qualidade, é preciso manter pessoas que não cometam erros, que melhorem a forma com que o trabalho rotineiro seja executado e que aprendam com sua própria experiência.

A legitimidade também representa um aspecto importante para a eficácia dos programas de gestão organizacional. Tanto administradores como o pessoal de linha (embora com visões diferentes) percebem a gestão da qualidade como uma forma de tornar o trabalho mais satisfatório. Por outro lado, o pessoal de linha possui uma visão divergente daquela promovida pelos "gurus" da qualidade. Enquanto os gurus acreditam que técnicas e ferramentas da qualidade possam criar uma cultura organizacional orgânica e um time de trabalho, o pessoal de linha percebe que essas práticas contribuem negativamente para um ambiente de time. Além disso, eles acreditam que os programas de qualidade e as ferramentas de melhoria promovem uma cultura mecanicista em vez de uma cultura orgânica.

Vários aspectos relacionados à gestão de pessoas têm claras implicações sobre o sucesso dos programas de qualidade, e a gestão dos recursos humanos deve contribuir com as seguintes atividades:

- treinamento e educação em métodos de solução de problemas;
- programas de comunicação;

- monitoramento da cultura de mudança e clima organizacional;
- apoio na consolidação de times;
- apoio nos programas de autocontrole e *empowerment*;
- transparência administrativa.

Fonte: Adaptado de SORDAN, 2007.

Atividades

① Discuta a relação dos quatro elementos do composto de *marketing* (produto, distribuição, preço e promoção) com a qualidade.

② Analise a relação e a importância do processo de desenvolvimento de produtos com a qualidade.

③ Discuta como a qualidade de vida no trabalho (QVT) pode influenciar a qualidade de uma empresa.

capítulo 8

Integração de sistemas certificáveis de gestão

Os sistemas de gestão da qualidade certificados de acordo com a norma ISO 9001 possibilitam o desenvolvimento de grande parte da base necessária para implantação de sistemas de gestão ambiental com base na norma ISO 14001 e de sistemas de gestão da segurança e saúde do trabalho com base na norma OHSAS 18001.

Por este motivo, e tendo em vista os enormes benefícios do trabalho conjunto desses três sistemas, este capítulo apresentará as bases dos sistemas de gestão ambiental e dos sistemas de gestão da segurança e saúde do trabalho, bem como diretrizes para sua implantação e integração.

8.1 ISO 14001 – Sistema de gestão ambiental

Existe um grande número de ameaças ambientais à humanidade, tais como aquecimento global, rarefação da camada de ozônio, excesso de consumo dos recursos naturais não renováveis e poluição global do ar. Esses problemas ambientais têm aumentado exponencialmente, acelerando o esgotamento dos recursos naturais do planeta.

De acordo com Valle (2002), a gestão ambiental consiste em um conjunto de medidas e procedimentos bem definidos que, se adequadamente aplicados, permitem reduzir e controlar os impactos causados por um empreendimento, que pode ser organizacional, sobre o meio ambiente. Sua influência vai desde a concepção do projeto até a eliminação efetiva dos resíduos gerados pelo empreendimento depois de implantado e durante o período de seu funcionamento.

Por razões estratégicas, as organizações estão cada vez mais preocupadas com a conquista e demonstração de um melhor desempenho ambiental. Isso, por exemplo, pode se dar por meio da implantação de um sistema de gestão ambiental com base na norma ISO 14001.

Como essa norma não define níveis de amadurecimento e desempenho dos processos ambientais, nem estabelece valores para indicadores de controle, ela pode ser facilmente adaptada à realidade dos países que a adotam.

A norma ISO 14001 é baseada no ciclo PDCA (*plan, do, check* e *act*). A associação do método PDCA com a norma ISO 14001, conforme Matthews (2003), dá-se a partir dos seguintes processos/atividades:

- *planejar*: políticas ambientais, impactos ambientais e metas ambientais;
- *executar*: atividades ambientais e documentação ambiental;
- *verificar*: auditorias ambientais e avaliação de desempenho ambiental;
- *agir*: treinamento ambiental e comunicação ambiental.

A estrutura da norma ISO 14001 pode ser visualizada no Quadro 8.1.

As seções iniciais (seções 1, 2 e 3) da norma ISO 14001 são apenas introdutórias e embasadoras para a parte relativa à seção 4, que contém efetivamente os itens a serem auditados (requisitos). Portanto, serão tratados a seguir somente os itens constantes na seção 4, que são os auditáveis.[1]

No requisito 4.1 da norma ISO 14001, a organização deve estabelecer, implementar, manter e continuamente melhorar um sistema de gestão ambiental.

---

[1] Elementos em forma de *check-list* que podem ser verificados por auditores.

Quadro 8.1 Estrutura da norma ISO 14001:2004

Prefácio

Introdução

1 Objetivo e campo de aplicação

2 Referências normativas

3 Termos e definições

4 Requisitos do sistema de gestão ambiental

4.1 Requisitos gerais

4.2 Política ambiental

4.3 Planejamento

4.3.1 Aspectos ambientais

4.3.2 Requisitos legais

4.3.3 Objetivos, metas e programa(s)

4.4 Implementação e operação

4.4.1 Recursos, funções, responsabilidades e autoridades

4.4.2 Competência, treinamento e conscientização

4.4.3 Comunicação

4.4.4 Documentação

4.4.5 Controle de documentos

4.4.6 Controle operacional

4.4.7 Preparação e resposta às emergências

4.5 Verificação

4.5.1 Monitoramento e medição

4.5.2 Avaliação do atendimento a requisitos legais e outros

4.5.3 Não conformidade, ação corretiva e ação preventiva

4.5.4 Controle de registros

4.5.5 Auditoria interna

4.6 Análise pela administração

Anexo A – Orientação para uso desta norma

Anexo B – Correspondência entre a ISO 14001:2004 e ISO 9001:2000

Anexo C – Bibliografia

Fonte: ISO 14001, 2004.

No requisito 4.2, a alta administração deve definir a política ambiental, que seja apropriada à natureza, escala e impactos ambientais de suas atividades, produtos e serviços.

No requisito 4.3, a organização deve estabelecer e manter procedimento(s) para identificar aspectos ambientais de suas atividades, produtos e serviços; identificar e ter acesso a requisitos legais e manter objetivos e metas ambientais documentados, nas funções e níveis relevantes.

A administração deve assegurar, no requisito 4.4, a disponibilidade de recursos essenciais para estabelecer, implementar, manter e melhorar o sistema de gestão ambiental. Assegurar que qualquer pessoa que, para ela ou em seu nome, realize tarefas que tenham o potencial de causar impactos ambientais identificados pela organização seja competente. Manter procedimentos para comunicação interna, além do recebimento, documentação e resposta a comunicações pertinentes oriundas de partes externas interessadas. Documentar e controlar procedimentos requeridos pela norma e o sistema de gestão ambiental. Identificar e planejar aquelas operações que estejam associadas aos aspectos ambientais significativos. Identificar potenciais situações de emergência e potenciais acidentes que possam ter impacto(s) sobre o meio ambiente.

No requisito 4.5, a organização deve estabelecer, implementar e manter procedimentos para monitorar e medir regularmente as características principais de suas operações que possam ter um aspecto ambiental significativo; avaliar periodicamente o atendimento aos requisitos legais aplicáveis e outros requisitos por ela subscritos; tratar as não conformidades reais e potenciais; executar ações corretivas e preventivas; estabelecer, implementar e manter procedimento para identificação, armazenamento, proteção, recuperação, retenção e descarte de registros; além de assegurar que as auditorias internas do sistema de gestão ambiental sejam conduzidas em intervalos planejados.

A alta administração, conforme requisito 4.6, deve analisar o sistema de gestão ambiental em intervalos planejados para assegurar sua continuada adequação, pertinência e eficácia (ISO 14001, 2004).

A Figura 8.1 apresenta os principais elementos que compõem a norma ISO 14001 e suas inter-relações.

Os principais benefícios da adoção de um SGA ISO 14001 são: abertura de mercados; melhoria na gestão como um todo; aumento da satisfação dos clientes; atendimento à legislação ambiental específica de cada país; padronização dos procedimentos de gestão ambiental; redução de desperdícios; melhoria na imagem da empresa;

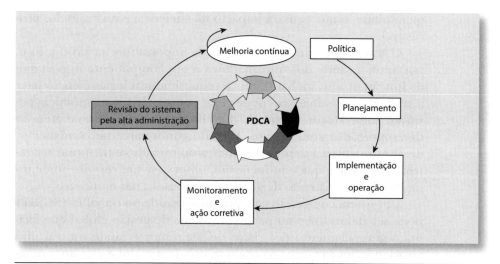

Figura 8.1 • Elementos da ISO 14001.
Fonte: ISO 14001, 2004.

aumento da consciência ambiental; atendimento às pressões dos grupos externos e melhoria na *performance* ambiental como um todo.

A adoção desse sistema requer a contínua e intensa capacitação dos funcionários, desenvolvimento de sistemas de comunicação eficazes, estabelecimento de padrões internos, reformulação dos processos produtivos e dos equipamentos de proteção ambiental.

8.2 OHSAS 18001 – Sistema de gestão da segurança e saúde no trabalho

O constante progresso tecnológico e a intensa competitividade que acompanham a globalização trazem como consequência a rápida mudança nas condições de trabalho, nos processos e nas organizações como um todo. A legislação frequentemente não consegue acompanhar esse ritmo de mudança no controle de novos riscos. Dessa forma, torna-se necessário desenvolver um sistema de gestão eficiente que conscientize e motive todos os funcionários a agirem de maneira segura. A colaboração mútua entre empregadores e funcionários resulta em um ambiente pró-ativo em relação à prevenção de acidentes e proteção à saúde do trabalhador.

De acordo com Miller e Haslam (2009), a manutenção da saúde dos indivíduos em uma empresa vai de alguma maneira afetar seu trabalho em termos de qualidade (produtividade e desempenho) e quantidade, o que causará impacto na eficiência e no custo dos processos.

O trabalho é um dos fatores mais importantes na produção e, portanto, a saúde dos trabalhadores é um componente importante da função produção. Satisfazer os requerimentos legais e éticos para a saúde dos trabalhadores pode gerar consequências econômicas positivas, como maior fidelidade dos clientes e atração e manutenção de empregados com talento. Visando continuamente combater os desafios relativos à saúde e segurança do trabalho e melhorar o controle dos fatores que a influenciam, observa-se um recente aumento na difusão dos sistemas de gestão de segurança nas empresas.

Um sistema de gestão da segurança e saúde no trabalho (SGSST) pode ser definido como parte do sistema de gestão global que facilita o gerenciamento dos riscos de segurança e saúde no trabalho associados aos negócios da organização. Isso inclui a estrutura organizacional, atividades de planejamento, responsabilidades, práticas, procedimentos, processos e recursos para desenvolver, implementar, atingir, analisar criticamente e manter uma política de segurança e saúde no trabalho.

Em 1999 foi publicada pela British Standards Institution (BSI) a norma OHSAS 18001 (*Occupational Health and Safety Assessment Standard*), que foi formulada por um grupo de entidades internacionais (BVQI, DNV, LOYDS, SGS e outras[2]) que tomaram como base a norma BS 8800 (British Standard[3])

A norma OHSAS 18001 tem como objetivo fornecer às organizações os elementos para construção de um sistema de gestão da segurança e saúde no trabalho eficaz, aplicável a todos os tipos e portes de empresas e passível de integração com outros sistemas de gestão (qualidade, meio ambiente e responsabilidade social), de forma a auxiliá-las a alcançar seus objetivos de segurança e saúde ocupacional.

Os requisitos auditáveis da OHSAS 18001 são apresentados no Quadro 8.2.

---

[2] Essas instituições são famosas e importantes empresas de consultoria e organismos certificadores credenciados de várias partes do mundo. Por se tratarem de organizações influentes, conseguiram formar um movimento para a criação da norma OHSAS.

[3] A British Standard (BS) é uma associação inglesa que cuida de normalização, assim como Inmetro no Brasil. A BS 8800 é uma das normas dessa associação que trata de sistemas de gestão da segurança e saúde no trabalho e que influenciou fortemente a criação e a própria estrutura da OHSAS 18001.

Quadro 8.2 Requisitos da OHSAS 18001

	Prefácio
	Introdução
1	Objetivo e campo de aplicação
2	Publicações e referências
3	Termos e definições
4.1	Requisitos gerais
4.2	Política de segurança e saúde no trabalho
4.3	Planejamento
4.3.1	Planejamento para identificação de perigos, avaliação e controle de riscos
4.3.2	Exigências legais e outras
4.3.3	Objetivos
4.3.4	Programa de gestão de segurança e saúde no trabalho
4.4	Implementação e operação
4.4.1	Estrutura e responsabilidade
4.4.2	Treinamento, conscientização e competência
4.4.3	Consulta e comunicação
4.4.4	Documentação
4.4.5	Controle de documentos e dados
4.4.6	Controle operacional
4.4.7	Preparação e atendimento às emergências
4.5	Verificação e ação corretiva
4.5.1	Medição e monitoramento do desempenho
4.5.2	Acidentes, incidentes, não conformidades e ações preventivas e corretivas
4.5.3	Registros e gestão de registros
4.5.4	Auditoria
4.6	Análise crítica pela administração

Fonte: OHSAS 18001, 2007.

O princípio básico de um sistema de segurança no trabalho com base em aspectos normativos envolve a necessidade de determinar parâmetros de avaliação que incorporem não só os aspectos operacionais, mas também a política, o gerenciamento e o comprometimento da alta direção com o processo, assim como a mudança e a melhoria contínua das condições de segurança e saúde no trabalho (QUELHAS; ALVES; FILARDO, 2007).

8.3 Elementos essenciais para o sucesso na implantação de sistemas certificáveis de gestão

As principais práticas que podem minimizar as dificuldades e facilitar o processo de implantação de um sistema são:

Comprometimento da alta direção

A alta direção deve estar inteiramente comprometida com a implantação dos sistemas por meio de realização de investimentos, interação e apoio às decisões do comitê de gestão, encorajando as pessoas e proporcionando condições para que se desenvolvam da melhor forma possível.

Parceria com a área de gestão de pessoas

Na era do conhecimento vivenciada atualmente, o treinamento é responsável pelo capital intelectual das organizações e pode ser a chave para amenizar resistências à mudança ao que é novo e ao que as pessoas não conhecem, como a implantação de um sistema de gestão. Para isso, a contribuição da área de gestão de pessoas é preciosa, pois pode-se tornar uma parceira estratégica para resolver ou minimizar esses problemas.

A parceria com a área de gestão de pessoas tem como papel a capacitação, desenvolvimento e integração dos funcionários. É importante que a alta direção tenha a iniciativa de fomentar essa parceria. Esse estreitamento possibilita melhor identificação das necessidades de treinamento e sua realização, sensibilização dos funcionários, recrutamento e seleção, desenvolvimento de lideranças e política de cargos e salários atrelada à gestão por competências.

Comitê de gestão

É muito importante que durante a implantação de qualquer um desses sistemas a empresa forme um comitê de gestão multidisciplinar e integrado que possibilite a troca de informações e experiências.

Essa prática amplia o diálogo, proporcionando aos profissionais a oportunidade de ouvir e opinar sobre assuntos diversos da gestão, uma vez que o sucesso da implantação de um sistema de gestão depende do envolvimento de diferentes segmentos da empresa para tratar das questões de modo integrado com as demais atividades corporativas.

Avaliação da visão, missão, valores e política

Realizar uma avaliação da visão, missão, valores e política da empresa, durante a revisão do planejamento estratégico ou durante a implantação dos sistemas de gestão, pode contribuir para a manutenção do foco das estratégias. Isso possibilita a manutenção de atitudes proativas na empresa e a elaboração de um padrão de mudança, definindo escopo e tipo de gestão, principalmente se realizada em parceria com as funções da área de gestão de pessoas.

Capacitação dos recursos humanos

O treinamento pode ser considerado uma das mais importantes ferramentas para guiar os funcionários ao aprendizado e à adaptação aos novos conhecimentos, habilidades e atitudes. Esse aspecto do processo de mudança é frequentemente negligenciado, como se os membros da organização não precisassem entender a nova situação.

Comunicação interna

A comunicação interna deve ser vista como mais um instrumento para ampliar a conscientização dos funcionários e motivá-los à implantação dos sistemas de gestão. Cabe ressaltar que é necessária a preocupação constante com a compreensão das informações durante o processo de comunicação e relatos internos e externos. A linguagem utilizada deve ser adequada ao público-alvo.

8.4 Diretrizes para integração de sistemas certificáveis de gestão ISO 9001, ISO 14001 e OHSAS 18001

Estas diretrizes possuem grau de particularização e detalhamento superior às orientações genéricas das normas, sem, no entanto, chegarem a ser prescrições fechadas e engessadas, permitindo a adequação dos instrumentos à realidade específica das empresas (cultura, estrutura organizacional e disponibilidade de recursos humanos, tecnológicos e financeiros).

Elas podem ser aplicadas a empresas de qualquer porte, da mesma forma como acontece com as normas que serviram de referência para elas. Contudo, existem condições distintas para o seu desenvolvimento em função do porte da empresa: nas empresas de grande porte, em geral, há maior disponibilidade de recursos humanos e financeiros para levá-las a cabo. Já nas de pequeno porte, em contrapartida, a despeito da restrição financeira e de pessoal, há maior flexibilidade na estrutura organizacional, menor quantidade de níveis hierárquicos e maior velocidade para tomada de decisão. As de médio porte, obviamente, enquadram-se entre essas duas situações.

Ao se desenvolverem essas diretrizes nas empresas, deve-se ter constante foco na desburocratização dos processos. Apesar de se criarem, em muitos casos, novos procedimentos/documentos, é importante que se procure simplificar sua linguagem, sua estrutura e, se for o caso, a forma de seu preenchimento. Em geral, ilustrações (figuras, fotos, gráficos, esquemas etc.) podem contribuir para melhor compreensão da mensagem.

Procurou-se dividir as diretrizes propostas em três grupos:

a) fase de planejamento,
b) fase de desenvolvimento e
c) fase de controle e melhoria,

de forma a facilitar sua apresentação lógica e, consequentemente, seu entendimento por parte do leitor.

Fase de planejamento da integração

Consultoria externa

Uma importante decisão que a organização, que pretende integrar seus sistemas certificáveis de gestão, deve tomar é a contratação ou não de empresa de consultoria especializada para auxiliá-la nesse processo.

Para decidir entre essas duas possibilidades, antes é necessário realizar um mapeamento sobre a existência de funcionários com perfil, formação e motivação apropriados para liderar um processo como esse na empresa. Ainda que não haja na empresa pessoas com todas as características necessárias, mas com boa parte delas, é possível desenvolvê-las para suprirem as principais ausências e potencializar aquelas que ainda são incipientes.

A existência desses funcionários, em número e condições que sejam suficientes para dar suporte ao processo de integração, pode levar a empresa a optar por decidir realizá-lo autonomamente.

Já se a opção da organização for por contratar uma empresa de consultoria especializada nesse tipo de serviço, alguns cuidados básicos devem ser observados. É desejável que ela possua experiência específica em integração de sistemas, pois só ter trabalhado com desenvolvimento e implantação de sistemas isolados pode não ser suficiente para dar um consistente suporte à contratante.

É importante entrar em contato com organizações que já utilizaram os serviços de consultoria da empresa a ser contratada para confirmar referências, verificar as principais dificuldades de relacionamento entre contratante e contratado e os resultados auferidos.

Estudo das inter-relações entre as normas

O processo de integração de sistemas certificáveis de gestão, independentemente se assessorado por uma empresa de consultoria especializada ou não, deve necessariamente passar pelo estudo das similaridades, complementaridades e antagonismos das normas.

É importante que a organização forme grupos para essa atividade, compostos, por exemplo, pelo responsável da direção, pelos multiplicadores do processo de integração e pelos times da qualidade, de forma que as indagações, adaptações e soluções para as principais questões relacionadas à integração nasçam dos recursos humanos da própria empresa e, portanto, sejam "customizadas" à sua realidade, gerando menos resistências e aproveitando melhor os recursos disponíveis.

Esses estudos devem tratar da identificação, com base na real situação da empresa, de documentos, procedimentos e processos nos três níveis organizacionais (estratégico, tático e operacional) possíveis de serem executados de forma conjunta.

Diagnóstico

De posse das informações do que é possível integrar, deve-se, então, realizar um diagnóstico para ter real noção da situação do nível de integração dos elementos relativos aos sistemas certificáveis de gestão na empresa e a disponibilidade de recursos para sua consecução.

Essas informações são fundamentais para que possa fazer um planejamento mais factível em termos de investimento de recursos humanos, tecnológicos e financeiros para alcançar o nível de integração desejado.

Quando a empresa já possui pelo menos um sistema certificado, provavelmente as bases da documentação, comunicação, treinamento, avaliação e melhoria contínua já foram estabelecidas. Isso significa que a organização já possui alguma experiência com esses elementos e, portanto, o *gap* entre o real e o ideal deve ser menor.

Aconselha-se também verificar a existência de sistemas, programas e ferramentas que tenham alguma relação com os sistemas certificáveis de gestão (*balanced scorecard*, seis sigma, produção mais limpa, *lean manufacturing* etc.), de forma a considerar sua estrutura e elementos como possíveis potencializadores do processo de integração.

Representante da direção (RD)

O RD é uma figura de grande importância para o bom desempenho dos sistemas de gestão certificáveis isoladamente e também para sua integração, em razão do seu papel de elo entre as questões operacionais e a alta direção e também por seu papel como líder junto à equipe diretamente envolvida com a integração e à empresa como um todo.

É possível ter um RD para cada sistema certificável isoladamente e um desses RD ser o responsável pelo sistema de gestão integrada (SGI). Contudo, essa não é a recomendação deste livro, por essa situação já sugerir na macroestruturação dos sistemas uma cisão que pode prejudicar a integração de seus subitens. Sugere-se, portanto, que se tenha um único RD para o SGI.

É desejável que o RD tenha competência técnica nos três sistemas e em sua integração, além de considerável habilidade comportamental. A competência técnica pode ser proveniente de experiências profissionais anteriores ou da capacitação formal por meio, por exemplo, de cursos de auditor líder, enquanto a habilidade comportamental possui estreita relação com suas características pessoais, ou seja, é o indivíduo com ascendência natural sobre o grupo, com poder de organização, de delegação e de controle de tarefas, com boa inter-relação pessoal e comunicação e que se sinta bem no papel de exemplo.

Outra questão que pode permear a discussão sobre as atividades do RD está relacionada à sua dedicação integral e exclusiva à integração dos sistemas certificáveis de gestão. Essa decisão dependerá do tamanho da organização, da complexidade de sua estrutura e processos e do escopo dos sistemas. Em geral, é dispendioso para uma empresa de pequeno ou médio porte manter um profissional exclusivamente com essa função. Nesse caso, pode-se tentar alocar outras atividades com considerável interface com a integração para ele desenvolver, desde que efetivamente não se comprometa sua função de RD. Para as grandes empresas é desejável que o RD possua total foco e dedicação às suas funções relacionadas aos sistemas certificáveis de gestão e sua integração.

Equipe de integração

Essa equipe pode ter dupla função:

a) gerenciar o processo de integração e
b) melhorá-lo continuamente, ainda que, para a execução dessa segunda função, a equipe possa ser reduzida.

O gerenciamento contempla as atividades de planejamento inicial da integração, execução de processos de integração e controle das atividades iniciais de integração. A atividade de melhoria do processo de integração contempla as atividades de estudo de indicadores sobre a integração, proposta de melhorias, implantação das melhorias e controle das melhorias no processo de integração dos sistemas.

Para isso é desejável que representantes dos principais setores da empresa integrem essa equipe. Eles devem ter, em menor intensidade que o RD, capacidade técnica e comportamental para desenvolver a contento a função de multiplicadores das técnicas e dos instrumentos de integração de sistemas certificáveis de gestão, bem como de líderes de times, que devem ser adquiridos e/ou potencializados a partir de capacitação externa.

Esses funcionários auxiliarão diretamente o RD na identificação de potenciais resistências. Por esse motivo eles devem ter conhecimento dos instrumentos básicos de gestão de conflitos para auxiliar na sua mitigação. Eles devem desenvolver essas atividades paralelamente às suas atividades de rotina. Contudo, no momento de saída da "inércia" do processo de integração, ou seja, no início dos trabalhos, esses funcionários devem ter suporte da administração para serem desonerados de algumas de suas atividades.

Plano de integração

Para que a integração dos sistemas possa ser devidamente orientada e controlada, indica-se a confecção de um plano de integração que contemple elementos detalhados, incluindo a descrição das atividades, sua previsão de duração, os recursos necessários para sua execução e os respectivos responsáveis.

Podem-se utilizar elementos da teoria de gestão de projetos para auxiliar na elaboração desse plano. Isso permitirá uma melhor visualização, em forma de fluxo, da hierarquização e simultaneidade das atividades, o que lhe dará maior acurácia.

Infraestrutura

A organização deve fornecer a infraestrutura necessária para o desenvolvimento dos trabalhos de integração. A grande parte dos recursos necessários coincide com aqueles que já são necessários para a rotina dos sistemas isolados. De qualquer forma, é necessário fazer um levantamento junto ao RD e aos multiplicadores das necessidades específicas de infraestrutura demandada para integração.

Fase de desenvolvimento da integração

Recursos humanos

Os recursos humanos são um fator primordial para o sucesso do processo de integração dos sistemas certificáveis de gestão. É a partir deles que se torna possível planejar, executar e controlar as atividades inerentes aos sistemas tanto isoladamente como em conjunto.

É fundamental que o setor de recursos humanos dê intenso suporte e colabore diretamente com o processo de integração dos sistemas. As funções que ele desenvolve (prospecção de talentos, seleção e integração de funcionários, treinamento e avaliação de desempenho pessoal) podem ser realizadas considerando a perspectiva da integração.

No momento da prospecção e seleção de pessoal pode-se considerar a experiência e/ou potencial de trabalho do candidato com atividades integradas. No período de integração do funcionário selecionado à empresa, deve-se garantir que ele tenha contato com os principais elementos dos sistemas certificáveis e com sua integração, de forma que isso facilite o desenvolvimento de suas atividades profissionais cotidianas.

O treinamento tem um papel fundamental em todo esse processo. É necessária a realização de capacitações técnicas e comportamentais dos vários níveis da empresa da perspectiva dos sistemas certificáveis de gestão e sua integração. Devem ser elaborados programas específicos de treinamento para o RD, para a equipe de multiplicadores, para os chefes, coordenadores e encarregados e para todo o nível operacional. Nesses treinamentos deve-se garantir o entendimento da real função do SIG para a empresa e de que forma cada funcionário pode contribuir e se beneficiar com ele.

A avaliação de desempenho pessoal deve passar a considerar a *performance* e a habilidade dos funcionários em lidar com questões relacionadas à integração dos sistemas. Ela deve subsidiar o plano de treinamentos de forma que se melhore continuamente o perfil do quadro de pessoal.

A integração dos sistemas é um processo que demanda grande dedicação de pessoal, pois, em geral, essas atividades são desenvolvidas concomitantemente com as atividades rotineiras. Dessa forma, a motivação e a desoneração de carga de trabalho são elementos que muito podem contribuir. As palestras motivacionais, a conscientização e o "jogo aberto" sobre os objetivos, benefícios e dificuldades do processo de integração são elementos que podem auxiliar na motivação dos recursos humanos. Uma ação estruturada e sistêmica do setor de recursos humanos para fomentar o processo de delegação na empresa pode contribuir para a desoneração da carga de trabalho individual e possibilitar maior foco no que realmente agrega valor.

A participação direta dos funcionários na elaboração das instruções de trabalho dos processos que executam e na definição dos seus respectivos indicadores é importante para que se garanta maior exequibilidade e também para que se conquiste seu comprometimento, reduzindo resistências.

A alta direção e o setor de recursos devem criar um instrumento para mapeamento e interpretação da cultura organizacional e utilizar essas informações para alimentar o SGI no sentido de potencializar seus resultados. Por outro lado, o SGI pode apontar a necessidade de realizar eventuais ajustes em elementos da estrutura organizacional e na própria cultura.

Integração dos elementos embasadores

A integração dos sistemas certificáveis de gestão deve se dar com base em elementos estruturantes que nortearão todas as ações e recursos para trabalharem em uma direção comum. Em um SGI, podem-se considerar como embasadores os seguintes elementos: escopo, política, objetivos e responsabilidades. Portanto, estes precisam ser os primeiros a serem integrados.

Recomenda-se elaborar uma matriz de responsabilidades para definir quem será líder e/ou responsável pelos elementos-chave do SGI.

Documentação e comunicação

Para dar robustez ao SGI é necessário bastante atenção e grande esforço na integração de sua documentação. Inicialmente, devem-se fundir os manuais de gestão da qualidade, meio ambiente e de segurança e saúde do trabalho em um único ou já criá-los de forma integrada, conforme o caso. Os elementos constantes do item anterior (política, objetivos e matriz de responsabilidade) devem nortear sua confecção e constarem dele.

Nesse manual, deve-se também procurar elaborar fluxogramas que representem os processos comuns aos três sistemas delimitados no escopo definido para o SGI. Dessa forma facilita-se a integração dos demais documentos, principalmente as instruções de trabalho e os registros.

A integração dos registros fica um pouco mais facilitada em função da prévia elaboração do fluxograma e das instruções de trabalho. A partir deles é possível definir os elementos mais importantes a serem controlados, sempre procurando abarcar a parte técnica do processo, da qualidade, do meio ambiente e da segurança e saúde do trabalho no mesmo registro. Com a elaboração dessas instruções de trabalho e registros integrados, criam-se as bases para a unificação das listas de controle de documentos (lista de controle de instruções de trabalho e demais documentos de informativos e também da lista de controle de registros).

Clientes internos e externos

Com relação aos clientes internos, é preciso fazer um levantamento das condições de trabalho, um mapeamento detalhado das características dos processos produtivos, dos fluxos de produtos e de informações e um levantamento da geração de resíduos. Para isso podem ser utilizadas as ferramentas disponíveis na literatura e já bastante utilizadas no dia a dia das organizações (questionários, análise de riscos de acidentes, estudo ergonômico, fluxograma de processos, identificação e quantificação de resíduos a partir de balanço de massa etc.).

Quanto aos clientes externos, é necessário identificar suas necessidades em relação à qualidade e meio ambiente para depois atendê-las. Vários são os instrumentos disponíveis para isso, dos quais se destacam a utilização de empresas especializadas em pesquisa de mercado ou de grupos multidisciplinares internos para mapeamento das necessidades/requisitos dos clientes por meio da aplicação de questionários, *telemarketing*, testes de protótipos, entrevistas etc.

Controle operacional

O SGI terá impacto significativo sobre os processos, principalmente aqueles diretamente relacionados à produção, mas também será influenciado fortemente por eles.

As instruções de trabalho devem conter informações técnicas detalhadas para a realização dos processos e demais atividades e também a explicitação, clara e sucinta, sobre os elementos relacionados a qualidade, meio ambiente e segurança e saúde do trabalho.

Um dos mecanismos mais eficazes para controlar processos são os indicadores. Eles permitem o acompanhamento durante sua realização e ao seu final, possibilitando identificar desvios em relação ao especificado. Eles possibilitam que ajustes sejam feitos para garantir o alcance dos objetivos e metas estipuladas, os quais incluem possíveis intervenções nos equipamentos, na mão de obra e na especificação/projeto.

Devem existir indicadores que mensurem o desempenho do SGI, considerando integradamente perspectivas de qualidade, meio ambiente e segurança e saúde do trabalho, a partir dos seus principais elementos, tais como: recursos humanos, fornecedores e distribuidores, atividades-fim e atividades-meio, desempenho financeiro e mercadológico, informação, sociedade, entre outros.

Procedimentos e processos

Outras três importantes possibilidades de integração estão relacionadas aos procedimentos de ação preventiva, controle de equipamentos de inspeção, medição e ensaios e tratamento de não conformidades. Quando da elaboração desses procedimentos, devem-se, sempre que possível, inserir elementos que contemplem os três sistemas abordados.

Muitas ações de prevenção, tais como manutenção, treinamento e aferições, assim como itens relacionados ao controle de inspeção, medição e ensaios e o tratamento de não conformidades, podem ser planejadas considerando as necessidades dos três sistemas.

Destaca-se também o plano de emergência, que pode conter elementos comuns aos sistemas de gestão ambiental e de gestão da segurança e saúde do trabalho. Itens como a lista de telefones para contatos de emergência, disponibilidade e/ou compartilhamento de ambulâncias e carros de bombeiros, rotas de fuga e ponto de encontro etc. podem ser elaborados para atender suas demandas.

Fornecedores e cadeia de abastecimento

A integração dos sistemas certificáveis de gestão pode, e deve, gerar reflexos positivos relacionados às atividades do fluxo de materiais e informações internos e externos às empresas.

Internamente, deve-se realizar uma revisão das especificações de materiais, dos procedimentos de recebimento e dos procedimentos de armazenagem. A ideia é que se passe a exigir, em cada especificação, elementos além dos aspectos técnicos que caracterizam o produto, ou seja, incluir elementos como critérios para avaliação das condições físicas do produto entregue, instruções para armazenagem que leve em conta a saúde do trabalhador e a preservação do meio ambiente, entre outros.

Externamente, as ações de integração devem também ser consideradas no processo de seleção, avaliação e classificação de fornecedores. É desejável que os fornecedores compartilhem a preocupação com qualidade, meio ambiente e segurança e saúde do trabalho, e isso pode ser, pelo menos em parte, evidenciado pela existência das três certificações. Portanto, devem-se priorizar, guardadas as questões de preço e capacidade de produção, empresas que tenham esses sistemas certificáveis ou os evidenciem de alguma outra forma.

Fase de controle e melhoria da integração

Após o planejamento e desenvolvimento das ações de integração dos sistemas certificáveis de gestão, é necessário que se procedam seu controle e melhoria contínua, e isso pode se dar a partir dos seguintes itens: verificação e confronto da percepção de elementos-chave do SGI pelos clientes internos e externos antes e depois do processo de integração; monitoramento, medição e melhoria de cada um dos sistemas isoladamente e da sua integração; auditoria interna e auditoria externa; análise crítica pela direção; ações corretivas; competições internas e incentivos ao comprometimento e desempenho em prol da integração; e integração dos sistemas certificáveis de gestão com outros tipos de sistemas. Esses elementos são mais bem tratados a seguir.

Percepção de elementos-chave do SGI pelos clientes

O acompanhamento da evolução do processo de integração e suas oportunidades de melhoria pode-se dar por meio da verificação e comparação da percepção dos clientes (internos e externos) sobre alguns elementos-chave que compõem o SGI. É desejável que essa verificação seja realizada um pouco antes, durante e posteriormente ao processo de integração e que nessa fase posterior se torne contínua.

Monitoramento, medição e melhoria de cada um dos sistemas isoladamente e da sua integração

Os indicadores que monitoram a integração permitirão o controle dos processos que foram integrados e auxiliarão na identificação de oportunidades de melhoria. Estas podem-se dar por meio do aumento da intensidade de integração e sua ampliação a partir do envolvimento de novos processos.

O monitoramento e a medição dos elementos do SGI devem verificar sua capacidade para alcançar os objetivos propostos e apontar as oportunidades de melhoria. Os itens deficientes devem ser objeto de um plano de ação corretiva a fim de mitigar suas causas e, consequentemente, melhorar o SGI como um todo.

Auditoria interna e auditoria externa

As auditorias são procedimentos que permitem verificar o cumprimento dos requisitos das três normas de forma integrada ou individualmente. Elas devem ser realizadas sistematicamente e em períodos regulares por pessoal competente.

De forma a intensificar a inter-relação entre esses sistemas, sugere-se que essas auditorias sejam realizadas para verificar simultaneamente seus elementos, incluindo principalmente seus aspectos integráveis.

A gerência deve garantir as condições apropriadas para que a auditoria interna gere o maior número de informações confiáveis possível, pois isso permitirá aos responsáveis ter a real noção da situação do setor ou processo auditado e subsidiará as ações de melhoria do SGI. Essas condições incluem o esclarecimento da importância do processo de auditoria aos setores a serem auditados, a disponibilização de informações (impressas, digitais, verbais etc.) e de recursos físicos necessários para sua realização (sala de reuniões, computadores etc.).

As auditorias externas podem ter função de certificação ou de sua renovação e também podem ter função semelhante às auditorias internas, ou seja, servirem para manutenção e incremento dos sistemas e sua integração. Mesmo as de certificação podem ser realizadas de forma integrada, pois essa prática já é consideravelmente utilizada pelos organismos certificadores credenciados (OCC). Elas, em geral, possuem maior caráter de isenção em relação às internas, mas possuem custo maior.

Análise crítica pela direção

Corroborando o que é preconizado pelas próprias normas em questão, mas agora sob a luz da integração dos sistemas, a alta direção deve analisar, criticamente em intervalos regulares, o SGI para garantir sua adequação aos objetivos organizacionais, sua eficiência e eficácia.

Nessas reuniões devem ser identificadas oportunidades de melhoria e necessidades de ajustes no SIG, incluindo revisão da política integrada e objetivos, da sistemática de treinamento e sensibilização, incremento de recursos (humanos, técnicos e financeiros) etc. Sua realização deve ser orientada por uma instrução de trabalho e devem ser gerados e armazenados registros de seus resultados.

As reuniões de análise crítica devem ser alimentadas pelos resultados das auditorias internas e externas, pelas pesquisas junto aos clientes internos e externos, pelos indicadores de desempenho, pela situação das ações preventivas e corretivas, pelos resultados das reuniões de análise crítica anteriores e demais recomendações de melhoria provenientes de outros canais de sugestões.

Ações corretivas

São ações executadas para eliminar as causas de não conformidades existentes ou mesmo de situações indesejáveis relacionadas aos três sistemas certificáveis de gestão e evitar sua recorrência futura. Obviamente sua eficácia dependerá do grau de assertividade em relação à identificação das referidas causas, e para isso é importante a existência de pessoal experiente e qualificado na empresa que domine as principais técnicas de análise e solução de problemas.

A mitigação dessas causas pode auxiliar também na solução de problemas similares em outros setores ou processos, mas, para que isso ocorra, é importante que exista um eficaz sistema de disseminação do conhecimento transversal a toda a empresa.

Há que se tomar cuidado para não confundir a ação corretiva com a preventiva. A primeira deve evitar a recorrência de não conformidades detectadas a partir da eliminação de suas causas. Já a segunda tem como objetivo a eliminação de uma não conformidade potencial. Contudo, o processo de análise de causas de não conformidades existentes vinculadas às ações corretivas pode, direta ou indiretamente, alimentar as ações preventivas.

Integração com outros tipos de sistemas

Após a integração dos sistemas, acredita-se que os processos estarão devidamente documentados, controlados e que melhorarão continuamente em termos de qualidade, meio ambiente e segurança. Dessa forma, estarão estabelecidas as bases para sua integração com outros programas e sistemas, como produção enxuta, BSC, seis sigma, produção mais limpa etc.

Para o desenvolvimento dessa ampliação da integração, as diretrizes sugeridas neste livro terão de ser repetidas, mas, agora, do ponto de vista dos novos sistemas e programas, ou seja, há de se fazer novamente as atividades de planejamento, o desenvolvimento da integração e, por fim, o controle e melhoria da integração dos SGI com esses novos sistemas e programas.

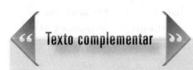

Razões e benefícios da integração

As abordagens das organizações para lidar com a qualidade de seus produtos, a saúde e segurança de seus empregados e os impactos adversos de suas operações sobre o meio ambiente e a sociedade têm, historicamente, se desenvolvido de forma isolada, com pouca ou nenhuma interação das atividades correspondentes. As razões para isso não são difíceis de identificar. Os programas de qualidade, saúde e segurança, meio ambiente e responsabilidade social vinham, em geral, sendo conduzidos por profissionais com formação acadêmica diferentes, alocados em unidades funcionais distintas e submetidos à legislação e a regulamentações completamente independentes.

A implementação do sistema de gestão integrado nas normas ISO 9001, ISO 14001, OHSAS 18001 e SA 8000/NBR 16001 está dando origem a uma nova realidade. Na medida em que as organizações obtêm múltiplas certificações, cresce a necessidade de se desenvolver um sistema único, que coordene os múltiplos requisitos, integre os elementos comuns e reduza redundâncias. Lidar com sistemas isolados, cobrindo diferentes questões, e assegurar que estes se mantenham alinhados entre si e com a estratégia da organização não é tarefa fácil. A manutenção de iniciativas isoladas pode também levar a conflitos, desperdícios de recursos e questionamentos sobre o valor de se manterem essas certificações. Não é impossível, por exemplo, imaginar uma solução que melhore a qualidade de um produto, mas piore os impactos ambientais ou os riscos à saúde e segurança, e vice-versa.

Os sistemas de gestão integrados (SGI) têm permitido integrar os processos de qualidade com os de saúde e segurança, gestão ambiental e responsabilidade social. Podem também englobar outros sistemas, como segurança da informação (ISO/IEC 27001) e sistemas de qualidade setoriais (ISO/TS 16949, ISO/IEC 22000 etc.).

A concepção conceitual de um sistema integrado é muito simples de se compreender. Qualquer processo produtivo gera produtos desejáveis (aquilo que foi pedido pelo cliente) e produtos indesejáveis (poluentes, resíduos, condições inseguras etc.) que podem impactar negativamente o ambiente, a sociedade e a saúde e segurança dos empregados. Cabe ao gestor do processo produtivo seu adequado controle, para atender adequadamente aos clientes e minimizar os impactos adversos. Sua tarefa, entretanto, será extremamente facilitada se dispuser de um sistema de gestão único, fundamentado no ciclo PDCA, e que englobe todos os requisitos de qualidade, meio ambiente, responsabilidade social e saúde e segurança contidos em seu processo.

Os sistemas de gestão são meios à disposição dos executivos e não fins em si mesmos. Um único sistema, englobando todas as questões pelas quais um executivo tem de responder, contribui para que seja efetivamente visto como um meio.

A integração dos sistemas apresenta uma série de benefícios:

- redução de custos: ao evitar a duplicação de auditorias, controle de documentos, treinamento, ações gerenciais etc.
- redução de duplicidades e burocracia: tudo fica muito mais simples se os empregados envolvidos diretamente com a produção receberem um único documento orientando o modo correto de realização de seu trabalho e não um de qualidade, outro de meio ambiente, outro de saúde e segurança etc.
- redução de conflitos dos sistemas: ao evitar feudos específicos para qualidade, meio ambiente, responsabilidade social e saúde e segurança, minimizam-se conflitos entre documentos e prioridades.
- economia de tempo da alta direção: ao permitir a realização de uma única análise crítica.
- abordagem holística para o gerenciamento dos riscos organizacionais: ao assegurar que todas as consequências de determinada ação sejam consideradas.
- melhoria da comunicação: ao utilizar um único conjunto de objetos e uma abordagem integrada, de equipe.

- melhoria do desempenho organizacional: ao estabelecer uma única estrutura para melhoria da qualidade, meio ambiente, responsabilidade social e saúde e segurança, ligada aos objetivos corporativos, contribui para a melhoria contínua da organização.

Integrar sistemas é, portanto, muito mais do que apenas juntar a documentação de sistemas distintos. Várias organizações tentam implementar sistemas integrados, focando mais na documentação do que na eficácia e eficiência do sistema de gestão como um todo. A documentação é importante, mas não é um objetivo em si. O sistema integrado deve ser desenvolvido para atender prioritariamente as necessidades do negócio, não as de seus auditores.

Fonte: Adaptado de RIBEIRO NETO; TAVARES; HOFFMANN, 2008.

Atividades

❶ Quais cuidados essenciais são necessários para a integração do SGI com outros programas empresariais?

❷ Quais as principais dificuldades para a implantação e integração de sistemas integrados de gestão em micro e pequenas empresas? Como elas podem ser minimizadas?

❸ Reflita e detalhe: de que forma o setor de recursos humanos pode ajudar no processo de integração de sistemas?

Referências bibliográficas

ABNT – ASSOCIAÇÃO BRASILEIRA DE NORMAS TÉCNICAS. Disponível em: <www.abnt.org.br>. Acesso em: 2 jun. 2009.

ANDRADE, F. F. *O método de melhorias PDCA*. 2003. Dissertação (Mestrado) em Engenharia, Escola Politécnica, Universidade de São Paulo, 2003. Disponível em: <http://www.teses.usp.br/teses/disponiveis/3/3146/tde-04092003-150859/>. Acesso em: 2 jun. 2009.

ANVISA – Agência Nacional de Vigilância Sanitária. *Sistemática*. Disponível em: <http://pt.scribd.com/doc/135325401/Auditoria-Interna>. Acesso em: 31 ago. 2013.

BALLOU, R. H. *Logística empresarial*: transportes, administração de materiais e distribuição física. São Paulo: Atlas, 1993.

BAXTER, M. *Projeto de produto*: guia prático para design de novos produtos. 2. ed. São Paulo: Blucher, 2000.

BISPO, C. A. F.; CAZARINI, E. W. Avaliação qualitativa paraconsistente do processo de implantação de um sistema de gestão ambiental. *Gestão e Produção*, São Carlos, v. 13, n. 1, p. 117-127, 2006.

BOHLANDER, G. W.; SNELL, S.; SHERMAN, A. *Administração de recursos humanos*. São Paulo: Pioneira Thomson Learning, 2003.

BOWERSOX, D. J.; CLOSS, D. J. *Logística empresarial*: o processo de integração da cadeia de suprimentos. São Paulo: Atlas, 2001.

BRASSARD, M. *Qualidade*: ferramentas básicas para uma melhoria contínua. Rio de Janeiro: Qualitymark, 1992.

BROCKA, B.; BROCKA, M. *Gerenciamento da qualidade*: implementando TQM, passo a passo, através dos processos e ferramentas recomendadas por Juran, Deming, Crosby e outros mestres. São Paulo: Makron, 1994.

CALIXTO, R.; OLIVEIRA, O.I. Custos e desperdícios na qualidade. In: OLIVEIRA, O. J. Gestão da qualidade: tópicos avançados. São Paulo: Cengage Learning, 2004.

CAMPOS, U.F. Gerência da qualidade total: estratégia para aumentar a competitividade da empresa brasileira. Belo Horizonte: FCO/UFMG, 1990.

CAPALDO, D.; GUERRERO, V.; ROZENFELD, H. *FMEA*: failure model and effect analysis. Disponível em: <http://www.numa.org.br/conhecimentos/conhecimentos_port/pag_conhec/FMEAv2.html>. Acesso em: 5 abr. 2009.

CARVALHO, V. R. Qualidade de vida no trabalho. In: OLIVEIRA, O. J. (org.). *Gestão da qualidade*: tópicos avançados. São Paulo: Cengage Learning, 2004.

CAUCHICK MIGUEL, P. A. Comparing the Brazilian national award with some of the major prizes. *The TQM Magazine*, v. 13, n. 4, p. 260-272, 2001.

_____. Gestão da qualidade: TQM e modelos de excelência. In: CARVALHO, Marly Monteiro de; PALADINI, Edson Pacheco (orgs.). *Gestão da qualidade*: teoria e casos. São Paulo: Campus – Elsevier, 2005.

CHASE, R. B.; JACOBS, F. R.; AQUILANO, N. T. *Administração da produção para a vantagem competitiva*. 10. ed. Porto Alegre: Bookman, 2006.

CHENG, L. *QFD:* planejamento da qualidade. Belo Horizonte: Fundação Christiano Ottoni, Universidade Federal de Minas Gerais, 1995.

CHOPRA, S.; MEINDL, P. *Gerenciamento da cadeia de suprimentos*: estratégia, planejamento e operação. São Paulo: Prentice Hall, 2003.

CHRISTOPHER, M. *Logística e gerenciamento da cadeia de suprimentos*. São Paulo: Pioneira, 2001.

COBRA, M. *Administração de marketing*. São Paulo: Atlas, 1992.

CORREA, L. C.; RIBAS, W. J.; GHINATO, P. Uma proposta para disseminação dos dispositivos poka-yoke através dos CCQs. In: ENEGEP – Encontro Nacional de Engenharia de Produção, 2001. *Anais...* 2001.

COSTA, A. F. B; EPPRECHT, E. K.; CARPINETTI, L. C. R. *Controle estatístico do processo*. São Paulo: Atlas, 2004.

CROSBY, P. B. *Quality is free.* Nova York: Signet, 1980.

CSCMP – COUNCIL OF SUPPLY CHAIN MANAGEMENT PROFESSIONALS. Disponível em: <http://www.cscmp.org>. Acesso em: 2 jun. 2009.

DAVIDSON, H. Recruiting for success: challenges and solutions. *Human Resource Management*, v. 12, n. 7, p. 24-28, 2004.

DEMING, W. E. *Out of the crisis.* Cambridge: The MIT Press, 2000.

_____. *Quality productivity and competitive position.* Cambridge: The MIT Press, 1982.

DESSLER, G. *Administração de recursos humanos.* São Paulo: Prentice Hall, 2003.

DUQUE, D. F. M., CADAVID, L. R. Lean manufacturing measurement: the relationship between lean activities and lean metrics. *Estudios Gerenciales*, v. 23, n. 105, p. 69-83, 2007.

EBOLI, M.; HOURNEAUX, F. J.; MANCINI, S. Breve panorama da educação corporativa no Brasil: apresentação de resultados de pesquisa. Brasília, 2005. *Anais...* Brasília: XXIX Enanpad, 2005.

FARIA, A. C.; COSTA, M. F. G. *Gestão de custos logísticos*: custeio baseado em atividades (ABC), balanced scorecard e valor econômico agregado (EVA). São Paulo: Atlas, 2005.

FEIGENBAUM, A. V. *Total quality control.* 3. ed. McGraw-Hill Companies, 1991.

FNQ – FUNDAÇÃO NACIONAL DA QUALIDADE. *Cadernos de Excelência®*: introdução ao modelo de excelência da gestão®, 2007. (Série Cadernos de Excelência).

_____. Disponível em: <http://www.fnq.org.br>. Acesso em: 21 nov. 2013.

_____. *Modelo de excelência®.* FNQ, s/d. Disponível em: <http://www.fnq.org.br/site/376/default.aspx>. Acesso em: 20 jan. 2009.

FOGLIATO, F. S.; FAGUNDES, P. R. M. Troca rápida de ferramentas: proposta metodológica e estudo de caso. *Gestão e Produção*, São Carlos, v. 10, n. 2, p. 163-181, ago. 2003.

FROTA, A. *Da pesquisa de mercado ao controle de qualidade*: como realizar o desenvolvimento integrado da qualidade de um produto e de seu processo de produção. Salvador: Álvaro Frota, 1998.

FROTA, C. D. *Gestão da qualidade aplicada às empresas prestadoras do serviço de transporte hidroviário de passageiros na Amazônia ocidental*: uma proposta prática. 2008. Tese (Doutorado) – Engenharia de Transportes, Universidade Federal do Rio de Janeiro. Rio de Janeiro, 2008.

GAITHER, N.; FRAZIER, G. *Administração da produção e operações.* 8. ed. São Paulo: Pioneira Thomson Learning, 2001.

GARVIN, D. A. *Managing quality*: the strategic and competitive edge. Nova

York: Free Press, 1998.

GHALAYINI, A. M.; NOBLE, J. S. The changing basis of performance measurement. *International Journal of Operations & Production Management*, v. 16, iss. 8, p. 63-80, 1996.

GODINHO FILHO, M.; FERNANDES, F. C. F. Manufatura enxuta: uma revisão que classifica e analisa os trabalhos apontando perspectivas de pesquisas futuras. *Gestão e Produção*, São Carlos, v. 11, n. 1, p. 1-19, 2004.

HARMON, R. L.; PETERSON, L. D. *Reinventando a fábrica*: conceitos modernos de produtividade aplicados na prática. Rio de Janeiro: Campus, 1991.

HEUVEL, J. V. D. et al. An ISO 9001 quality management system in a hospital: bureancracy or just benefits? *International Journal of Heath Care Quality Assurance*, v. 18, n. 5, p. 361.

HIKAGE, O.; OLIVEIRA, O. J. Balanced scorecard (BSC): ligando a estratégia ao operacional. In: OLIVEIRA, O. J. *Gestão empresarial*: sistemas e ferramentas. São Paulo: Atlas, 2007.

INMETRO – INSTITUTO NACIONAL DE METROLOGIA, NORMALIZAÇÃO E QUALIDADE INDUSTRIAL. Disponível em: <http://www.inmetro.gov.br>. Acesso em: 2 jun. 2009.

IPEM-SP – INSTITUTO DE PESOS E MEDIDAS DO ESTADO DE SÃO PAULO. *Programa 5S*. Disponível em: <www.ipem.sp.gov.br>. Acesso em: 23 abr. 2009.

ISHIKAWA, K. *Guide to quality control*. 2. ed. Asian Productivity Organization, 1986.

ISO 14001:2004 – *Environmental management systems*: requirements with guidance for use. Geneva, Switzerland: International Organization for Standardization, 2004.

ISO 19011 – *Diretrizes para auditorias de sistema de gestão da qualidade e/ou ambiental*. Rio de Janeiro, 2002.

ISO 9001 – *Sistema de gestão da qualidade*: diretrizes. Rio de Janeiro, 2008.

JURAN, J. M.; GODFRAY, A. B. *Juran's quality handbook*. 5. ed. Nova York: McGraw-Hill Professional, 2000.

KAPLAN, R. S.; NORTON, D. P. *A estratégia em ação*. Rio de Janeiro: Campus, 1997.

_____. *Mapas estratégicos*. Rio de Janeiro: Campus, 2004.

KONDO, Y. Innovation versus standardization. *The TQM Magazine*, v. 12, n. 1, p. 6-10, 2000.

KOTLER, P. *Marketing de A a Z*. Rio de Janeiro: Campus, 2000.

_____. *Marketing para o século XXI*. São Paulo: Futura, 1999.

LAS CASAS, A. L. *Marketing*: conceitos, exercícios e casos. São Paulo: Atlas, 1997.

LIKER, J. F. *O modelo Toyota*: 14 princípios de gestão do maior fabricante do mundo. Porto Alegre: Bookman, 2005.

LIMONGI-FRANÇA, A. C.; OLIVEIRA, P. M. Avaliação da gestão de programas de qualidade de vida no trabalho. *Revista de Administração de Empresas – Eletrônica*, v. 4, n. 1, art. 9, p. 1-21, 2005.

MANDERS, B.; VRIES, J. H. de. A ISO 9001 é importante? *Revista Banas*, 16 out. 2012. Disponível em: <http://www.banasqualidade.com.br/2012/portal/conteudo.asp?codigo=16036&secao=Jornal%20Digital>. Acesso em: 2012.

MATTHEWS, D. H. Environmental management systems for internal corporate environmental benchmarking. *Benchmarking: An International Journal*, v. 10, n. 2, p. 95-106, 2003.

McKENNA, R. *Marketing de relacionamento*. Rio de Janeiro: Campus, 1993.

MIGUEL, P. A. C. Gestão da qualidade: TQM e modelos de excelência. In: CARVALHO, M. M.; PALADINI, E. P. *Gestão da qualidade*: teoria e casos. Rio de Janeiro: Elsevier, 2005.

MILLER, P.; HASLAM, C. Why employers spend money on the employee health: Interviews with occupational health and safety professionals from British industry. *Safety Science*, v. 47, n. 2, p. 163-169, 2009.

NASCIMENTO, P. T. S. Qualidade no desenvolvimento de produtos. In: OLIVEIRA, O. J. (org.). *Gestão da qualidade*: tópicos avançados. São Paulo: Thomson Learning, 2004.

NEVES JR., L. T. Sou um bom profissional. Por que não tenho clientes? 2004. Disponível em: <www.biblioteca.sebrae.com.br/bte/bte.nsf/A4E7E382041A53EA03256D520059AD4F/$File/294_1_Arquivos_profissional.pdf>. Acesso em: 13 maio 2009.

OHSAS 18001 – *Sistemas de gestão da segurança e saúde no trabalho*: requisitos, 2007.

OLIVEIRA, G. T. de; MARTINS, R. A. Efeitos da adoção do modelo do Prêmio Nacional da Qualidade na medição de desempenho: estudos de caso em empresas ganhadoras do prêmio. *Gestão e Produção*, São Carlos, v. 15, p. 167-179, 2008.

OLIVEIRA, J. A.; NADAE, J.; OLIVEIRA, O. J.; SALGADO, M. H. Um estudo sobre a utilização de sistemas, programas e ferramentas da qualidade em empresas do interior de São Paulo. *Produção*, v. 21, n. 4, p. 708-723, 2011.

OLIVEIRA, O. J. *Ferramentas da qualidade*. Bauru: Unesp, 2008 (Material de aula não publicado – disciplina de Qualidade I).

_____. Gestão da qualidade: introdução à história e fundamentos. In:

OLIVEIRA, O. J. (org.). *Gestão da qualidade*: tópicos avançados. São Paulo: Thomson Learning, 2004.

_____. GOBBO JR., J. A.; CESAR, M. C. Implantação do sistema de gestão da qualidade ISO 9000 em uma empresa de transporte rodoviário. In: ENEGEP – Encontro Nacional de Engenharia de Produção. Fortaleza, 2006. *Anais...* Fortaleza, 2006.

_____. MELHADO, S. B. *Como administrar empresas de projeto de arquitetura e de engenharia civil*. São Paulo: Pini, 2006.

_____. MELHADO, S. B. Nova norma ISO 9000 versão 2000. In: OLIVEIRA, O. J. (org.) *Gestão da qualidade*: tópicos avançados. São Paulo: Thomson Learning, 2004.

_____. O comprometimento nas organizações. *Revista Banas*, 2012. Disponível em: <http://www.banasqualidade.com.br/2012/portal/conteudo.asp?codigo=15464&secao=Artigos>. Acesso em: 12 dez. 2013.

OLIVEIRA, S. T. *Ferramentas para o aprimoramento da qualidade*. São Paulo: Pioneira, 1995.

PALADINI, E. P. *Gestão da qualidade*: teoria e prática. São Paulo: Atlas, 2000.

_____. Perspectiva estratégica da qualidade. In: CARVALHO, M. M.; PALADINI, E. P. *Gestão da qualidade*: teoria e casos. São Paulo: Campus, 2005.

PAMA-LS – PARQUE DE MATERIAL AERONÁUTICO DE LAGOA SANTA. Melhorando a organização: 5S, o programa da qualidade. Apostila interna não publicada. s/d.

PONTELO. J.; CRUZ, L. *Gestão de pessoas*: manual de rotinas trabalhistas. São Paulo: Senac, 2006.

PRODUCTIVITY PRESS DEVELOPMENT TEAM. *Standard work for the shopfloor*. New York: Productivity Press, 2002.

QUAZI, H. A. et al. Motivation for ISO 14000 certification: development of a predictive model. *Omega*, v. 29, p. 525-542, 2001.

QUELHAS, O. L. G.; ALVES, M. S.; FILARDO, P. S. As práticas da gestão da segurança em obras de pequeno porte: integração com os conceitos de sustentabilidade. *Revista Produção On Line*, v. 4, n. 2 , 2007.

RIBEIRO NETO, J. B.; TAVARES, J. C.; HOFFMANN, S. C. *Sistemas de gestão integrados*: qualidade, meio ambiente, responsabilidade social e segurança e saúde no trabalho. São Paulo: Senac, 2008.

RICHERS, R. *Surfando as ondas do mercado*. São Paulo: RR&CA, 1996.

RITZMAN, L. P.; KRAJEWSKI, L. J. *Administração da produção e operações*. São Paulo: Prentice Hall, 2004.

ROBLES JR., A. *Custos da qualidade*: uma estratégia para competição global. São Paulo: Atlas, 1996.

RODRIGUES, M.V. *Ações para a qualidade*. Rio de Janeiro: Elsevier, 2012.

ROSSI, F. F. *Antes e depois do 5S*. Disponível em: <http://grupolean.com.br/photo/antes-depois-5s>. Acesso em: 1º set. 2013.

ROTONDARO, R. G.; CARVALHO, M. M. Qualidade em serviços. In: CARVALHO, M. M.; PALADINI, E. P. *Gestão da qualidade*: teoria e casos. Rio de Janeiro: Elsevier, 2005.

SALOMI, G. G. E.; MIGUEL, P. A. C. Servqual x Servperf: comparação entre instrumentos para avaliação da qualidade de serviços internos. *Gestão e Produção*, São Paulo, v. 12, n. 2, p. 279-283, mai./ago. 2005.

SANTOS, J. A. R.; OLIVEIRA, O. J. Gestão da logística: desafios e perspectivas. In: OLIVEIRA, O. J. (org.). *Gestão empresarial*: sistemas e ferramentas. São Paulo: Atlas, 2007.

SCHIRRMEISTER, R. *Qualidade de vida no trabalho e comprometimento organizacional:* um estudo em equipes multicontratuais em um instituto de pesquisa tecnológica. São Paulo, 2006. Dissertação (Mestrado) – Faculdade de Economia, Administração e Contabilidade, Universidade de São Paulo, São Paulo, 2006.

SERRA, S. B. Qualidade na gestão de suprimentos. In: OLIVEIRA, O. J. (org.). *Gestão da qualidade*: tópicos avançados. São Paulo: Thomson Learning, 2004.

SHINGO, S. *Sistema de troca rápida de ferramenta*. Porto Alegre: Bookman, 2000.

_____. *Zero quality control*: source inspection and the Poka-Yoke system. Cambridge, Massachusetts: Productivity Press, 1986.

SILVA, A. O.; FRANCA, C. O.; MELO, C. O.; PEDROSA, R. S. *Qualidade dos serviços oferecidos por instituições públicas e privadas de Salvador nos cursos de especialização em administração*. Salvador, 2004, 58f. Monografia – Curso de Especialização em Gestão de Serviços, Universidade Federal da Bahia, 2004.

SILVA, I. B.; MIYAKE, D. I.; BATOCCHIO, A.; AGOSTINHO, O. L. Integrando a promoção das metodologias Lean Manufacturing e Six Sigma na busca de produtividade e qualidade numa empresa fabricante de autopeças. *Gestão e Produção*, São Carlos, v. 18, n. 4, p. 687-704, 2011.

SLACK, N.; CHAMBERS, S.; JOHNSTON, R. *Administração da produção*. São Paulo: Atlas, 2009.

SORDAN, J. E. Gestão de pessoas no âmbito da qualidade: um exame das práticas adotadas por organizações "classe mundial". *Revista de Ciências Gerenciais*, v. 11, n. 13, 2007.

SORIO, W. O que é *benchmarking?* Disponível em: <http://www.guiarh.com.br/z59.htm>. Acesso em: 29 mar. 2009.

SPENDOLINI, M. J. *Benchmarking*. São Paulo: Makron Books, 1994.

TAGUCHI, G.; CHOWDHURY, S.; WU, Y. *Taguchi's quality engineering handbook*. Wiley-Interscience, 2004.

TAN, K. C. A comparative study of 16 national quality awards. *The TQM Magazine*, v. 14, n. 3, p. 165-171, 2002.

TONINI, A. C.; OLIVEIRA, O. J. Seis sigma: uma estratégia para a melhoria da qualidade e produtividade. In: OLIVEIRA, O. J. (org.). *Gestão empresarial*: sistemas e ferramentas. São Paulo: Atlas, 2007.

UNGAN, M. C. Standardization through process documentation. *Business Process Management Journal*, v. 12, n. 2, p. 135-148, 2006.

VALLE, C. E. *Qualidade ambiental*: ISO 14000. 4. ed. São Paulo: Senac, 2002.

VASCONCELOS, A. F. Qualidade de vida no trabalho: origem, evolução e perspectivas. *Caderno de Pesquisas em Administração*, v. 8, n.1, p. 1-13, 2001.

VILLACRESES, X. E. R. Análise estratégica da subcontratação em empresas de construção de pequeno porte. In: FORMOSO, C. *Gestão da qualidade na construção civil*: uma abordagem para empresas de pequeno porte. Porto Alegre: 1995. p. 49-80.

WERKEMA, C. *Criando a cultura lean seis sigma*. Rio de Janeiro: Campus, 2012.

WERKEMA, M. C. C. *As ferramentas da qualidade no gerenciamento de processos*. Belo Horizonte: Desenvolvimento Gerencial, 1995.

WESTWOOD, John. *O plano de marketing*. 2. ed. São Paulo: Makron Books, 1997.

WOMACK, J. P.; JONES, D. T. *A mentalidade enxuta nas empresas*. Rio de Janeiro: Campus, 2004.

WOOD Jr., T.; URDAN, F. T. Gerenciamento da qualidade total: uma revisão crítica. *RAE*, v. 34, n. 6, p. 46-59, 1994.

ZEITHAML, V. A.; PARASURAMAN, A.; BERRY, L. L. *Delivering quality service*: balancing customer perceptions and expectations. London: Macmillan, 1990.

Links

American Society for Quality (ASQ) Disponível em: <http://asq.org/index.aspx>. Acesso em: 12 dez. 2013.

Union of Japanese Scientists and Engineers (JUSE). Disponível em: <www.juse.or.jp/e/index.html>. Acesso em: 12 dez. 2013.